Albert Biesinger

Die Kunst des Älterwerdens

Albert Biesinger

Die Kunst des Älterwerdens

Spirituelle Impulse

Mit Beiträgen von Gerhard Braun

HERDER

FREIBURG · BASEL · WIEN

DIE BIBEL

© Verlag Herder GmbH, Freiburg im Breisgau 2010
Alle Rechte vorbehalten
www.herder.de

Umschlagfoto: © seraph/photocase.com
Umschlaggestaltung: Finken & Bumiller, Stuttgart
Satz: Barbara Herrmann, Freiburg

Herstellung: fgb · freiburger graphische betriebe
www.fgb.de

Gedruckt auf umweltfreundlichem,
chlorfrei gebleichtem Papier
Printed in Germany

ISBN 978-3-451-32413-0

Inhalt

IV. Zukunft leben – Gott entgegenzweifeln

V. Nachdenken – Weiterdenken

Anhang

Vorwort

Die späteren Jahre des Lebens als Chance und Herausforderung zu entdecken und den Tagen mehr Leben zu geben: Nach vorne leben.

Der Blick in die Zukunft, das Leben nach vorne, gelingt dann am besten, wenn das, was hinter uns liegt, nicht ausgegrenzt und abgespalten, aber auch nicht so übermächtig wird, dass der Weg in die Zukunft verbaut ist.

Viele ältere Menschen merken, dass ihr Glaube sich erneut verändert und nach einer neuen Gestalt sucht. Vieles wird unwichtig, anderes erhält eine elementare Bedeutung. Schaut man in die Vergangenheit, dann lässt sich vieles nicht mehr verändern, nimmt man dies aber innerlich an und versöhnt sich damit, dann öffnet sich der Blick nach vorne.

Es ist tatsächlich so, dass wir dem Leben nicht mehr Tage, den Tagen aber mehr Leben geben können. Der Alltag und das Umfeld verändern sich. Es gibt Abschiede von Familienmitgliedern und Freunden und zugleich kommen neue Generationen nach. Viele sehen in die Augen von Enkelkindern. Plötzlich sagt ein kleines Kind zu mir „Opa" und lächelt mir entgegen. Mit oder ohne Enkelkinder entstehen neue Chancen der Zeiteinteilung und Intensivierung der Kommunikation jenseits des engen Zeitkorsettes der Arbeitswelt.

Doch gerade die Umstellung vom Arbeitsalltag hin zum Alltag im Ruhestand ist oft eine große Herausforderung: Wer bin ich (noch), wenn ich mich nicht mehr über meine Arbeit definieren kann und muss? Bei Gott bin ich auch wer, wenn ich nichts leiste.

Ohne Frage stellen sich neue Aufgaben: Die Zeit zu strukturieren, sich in sinnvollen Zusammenhängen zu engagieren und durch gesunde Lebensweise unnötige Beschwerden verhindern oder Krankheit und Trauer bewältigen. Mit diesem Buch möchte ich Anregungen geben, alte und neue Rollen zu reflektieren und anzunehmen, verschiedene Perspektiven im Horizont der Zeit einzunehmen, das eigene Leben mutig auch von seinem irdischen Ende her zu betrachten und es als Geschenk zu begreifen.

Dieses Buch habe ich in vielen, über Jahre dauernden Gesprächen mit meinem Schwiegervater Gerhard Braun, emeritierter Kunstprofessor, der heute 87 Jahre alt ist, diskutieren können. Es hat mich sehr interessiert, wie er rückblickend auf die Altersphase ab 60 Hinweise und Gewichtungen formuliert, die es zu beachten gilt, wenn Älterwerden zur Kunst werden soll. Ich danke ihm ausdrücklich für diese Wegbegleitung.

Breiten Raum in diesem Buch nehmen Fragen der religiösen Erziehung der Enkelkinder ein – auch die dabei entstehenden Hindernisse, Probleme und Konflikte. Insofern ist dieses Buch gleichzeitig eine Weiterführung meines Buches „Kinder nicht um Gott betrügen. Anstiftungen für Eltern". Enkelkinder nicht um Gott betrügen. Anstiftungen für Großeltern – viele Ideen und Gedanken dazu finden Sie in diesem vorliegenden Band, den ich Ihnen anvertraue, auch mit der Idee mit anderen Menschen darüber zu sprechen.

Besonderer Dank gilt der Theologin Simone Hiller, die über den langen Zeitraum der Entstehung dieses Buches hochkompetent mitreflektiert und die Umsetzung gestaltet hat.

Ich widme dieses Buch meinen Eltern Martha und Anton Biesinger, die mir die Gottesbeziehung erschlossen haben. Das größte Geschenk, das Eltern ihren Kindern weitergeben können, ist ihnen Gott mit ins Leben zu geben.

Tübingen, Weihnachten 2009
Albert Biesinger

I. Nach vorne leben

Wenn ich noch einmal jung wäre und neu anfangen könnte …

Wer 60 Jahre alt ist, weiß zwar nicht, wie viele Jahre nach vorne noch kommen können, aber noch einmal so viele werden es höchstwahrscheinlich nicht mehr sein. Es gilt also, die Jahre intensiv und bewusst „nach vorne zu leben".

Darin liegt eine besondere Chance: Noch nie in meinem Leben habe ich so viel gewusst wie heute, und noch nie in meinem Leben habe ich so viele Menschen gekannt und mich mit ihnen ausgetauscht. Noch nie in meinem Leben hat sich so viel an unterschiedlichen Erfahrungen, Gefühlen und Erlebnissen in mir verdichtet wie heute. Die Bandbreite meiner Erinnerungen und meiner Empfindungen ist sehr groß:

- Dankbarkeit für die richtige Partnerwahl – oder Unzufriedenheit wegen der falschen Partnerwahl.
- Das Wissen darum, andere Menschen verwundet zu haben – oder die Erfahrung, selbst verwundet worden zu sein.

- Die eigenen Kinder: Dankbarkeit und Zufriedenheit, wie sie sich entwickelt haben – oder aber Sorgen und Zweifel, die Kinder angesichts der Probleme, die sie heute als Erwachsene haben, nicht richtig erzogen und begleitet zu haben.

- Die Erkenntnis, beruflich das Richtige getan zu haben. Erinnerungen an gute Vorgesetzte, die Wege eröffnet und die Entfaltung meiner Begabungen gefördert und unterstützt – oder an Chefs, die entscheidende Wege verbaut haben.

Durchkreuzte Wege

Wenn ich auf mein bisheriges Leben zurückblicke und zu ihm Stellung beziehe, ergeben sich daraus fast automatisch einige Fragen: Was würde ich heute anders machen, wenn ich noch einmal zwanzig Jahre alt wäre? Welche Menschen würde ich meiden, mit welchen würde ich mich mehr vernetzen? Würde ich meinen Alltag und die Kommunikation in meiner Familie anders gestalten? Würde ich Gott mehr Raum geben und mich weniger den unbedeutenden Sorgen des Alltags ausliefern?

Solche Gedanken sind ein „Weg der Reinigung". Die Griechen haben diesem Weg eine große Bedeutung beigemessen und von der „Katharsis" gesprochen. Sie bezeichnet den Weg und Prozess der inneren Reinigung, der Neuausrichtung, der kritischen Reflexion menschlichen Lebens und menschlicher Biographie. Auch die großen Religionen kennen den Prozess der Reinigung; er meint die jeweils neue Ausrichtung auf die Sinnbestimmung unseres Lebens. Am Beginn des dritten Lebensalters bekommt er eine spezielle Bedeutung.

„Nach vorne leben" bedeutet, unsere Vergangenheit und unsere Gegenwart in unserer Zukunft zu beheimaten. Sogar unser Denken arbeitet nach vorne: Es hat die Kraft, all das stark zu machen, was uns beim Leben und Überleben hilft. Lassen wir unser Denken nach vorne arbeiten, sucht es einen Weg, die in uns liegenden Kräfte zu bündeln und zum Zuge kommen zu lassen.

Leicht gesagt, werden Sie nun möglicherweise denken, die Zeit, die mir bleibt, ist überschaubar. Das „nach vorne" ist kurz, womöglich zu kurz. Doch es gibt keine Alternative dazu, der Wirklichkeit ins Auge zu schauen, auch wenn sie uns manchmal ein widersinniges Schicksal aufdrückt. Der Blick nach vorne eröffnet uns einen Horizont und lässt uns nicht in der Vergangenheit verharren. Jeder Abschnitt des Lebens hat es verdient, genutzt und gestaltet zu werden.

Der rechte Lebensweg

Hat man im Alter keine lange Wegstrecke mehr vor sich, liegt es nahe, den bis dahin zurückgelegten Weg mit Abstand kritisch zu betrachten. Das heißt, gerade die seinerzeit an den Wegkreuzungen getroffenen Entscheidungen auf ihre Richtigkeit hin zu überprüfen. Hierbei erliegt man jedoch leicht der Versuchung, einerseits in Selbstgefälligkeit oder andererseits in Selbstmitleid zu verfallen. Ein so getrübter Blick zurück kann der Läuterung und Reinigung kaum dienen. Hinzu kommen Zweifel an der Urteilsfähigkeit in eigener Sache: Soll ich über mein mehr oder weniger folgenschweres Handeln zu Gericht sitzen – als Kläger, als Verteidiger, als Gutachter, als Richter, noch dazu für weit zurückliegende Taten? Grenzt dieser Versuch nicht an Überheblichkeit?

Fehler aus der Vergangenheit lassen sich nicht rückgängig machen. Dennoch können wir zumindest ihre Folgen korrigieren und uns mit ihnen versöhnen – und das als die Aufgabe für die verbleibenden Wegstrecken nehmen.

Die Lebenswege des Menschen sind nicht immer bequeme Wege. Sie führen über Kreuzungen, vorbei an Baustellen, die zu Umwegen zwingen, und hinein in Sackgassen. Zweifel daran, ob man den „rechten Weg" geht, begleiten das Menschsein. Ist der Weg gerade, in ebenem Gelände und ausgetreten von vielen, die ihn ebenfalls gehen, lässt er keinen Zweifel am Erreichen des rechten Ziels aufkommen. Verzweigt er sich jedoch oder wird er von anderen Wegen gekreuzt, stehen Entscheidungen an: Welches ist der geeignete Weg zum gewünschten Ziel? Oder steht an dieser Wegkreuzung gar eine Korrektur des Ziels an? Diese Überlegungen bestimmen an den Kreuzungen des Lebensweges Richtung und Ziel. Rückblickend sind es die Kreuzungen, welche den Verlauf eines Lebens markieren. Aber immer kann ich mich für den geradlinigen, ebenen Weg entscheiden.

In der Vision des Propheten Jesaja wird der „geradlinige und ebene Weg" zu einer gigantischen Straße, auf der Gott seinem in der Verbannung lebenden Volk zu Hilfe kommen wird: „Bahnt in der Wüste eine Straße für den Herrn, macht in der Steppe einen ebenen Weg für unseren Gott! Jedes Tal soll aufgefüllt, jeder Berg und Hügel abgetragen werden; was krumm ist soll gerade, was zerklüftet ist, zu einem Talgrund werden." (Jesaja 40,3f)

Eine Straße bahnen, Täler heben und Hügel senken, das klingt wie ein heutiger Bericht von Planung und Bau einer Autobahn. In der historischen Dimension des Jesajatextes wird verständlich, dass zur Zeit seiner Abfassung die Beschreibung einer solchen Straße die Vorstellungskraft der Menschen überstieg. Es sollte also heißen: Die Lebenswege der Menschen sind weder gerade noch eben – aber die Wege des Herrn sind unvorstellbar, sie liegen jenseits menschlicher Festlegungen.

Sei gut zu dir selbst! – Sich versöhnen

Sei gut zu dir selbst! Die Kraft des Körpers verändert sich. Vielleicht schränken gesundheitliche Probleme die Möglichkeiten ein. Mit den eigenen Grenzen versöhnt zu leben – gerade auch angesichts von Verwundungen und unlösbaren Situationen – das hilft, sinnvoll weiter zu leben.

Körperliche Grenzen können einsam machen, von anderen Menschen trennen oder aber eine neue Beziehungsqualität schaffen; gerade im gegenseitigen Beistand, in der gegenseitigen Hilfe.

In vielen Familien sind Grenzen, die durch Schuld, Missverständnisse etc. entstanden sind, oft sehr alt und schwer aufzubrechen. Sie verursachen ein jahrelanges Schweigen oder Aneinander-Vorbeireden.

Auf dieser Erde zu leben heißt auch, schuldig zu werden: „Wer von euch ohne Sünde ist, werfe als Erster einen Stein ..." (Johannes 8,7) Jesus hat gerade in Konfliktsituationen darauf verwiesen, dass er von Scheinheiligkeit nichts hält. Sich mit sich selbst versöhnen, ist die große

Herausforderung der zweiten Lebenshälfte. Viele hören in sich Selbstvorwürfe, werden sich selbst zum Gegner.

Sei gut zu dir selbst! Nimm dich an, akzeptiere dich – gerade auch mit deinen Grenzen. Dies ist der erste Schritt, Grenzen zu verändern und die vor uns liegenden Jahre zu einer „Zeit des Heiles" werden zu lassen.

Alles hat seine bestimmte Stunde

Alles hat seine Stunde und für jedes Vorhaben unter
dem Himmel gibt es eine Zeit:
eine Zeit zum Gebären und eine Zeit zum Sterben,
eine Zeit zum Pflanzen und eine Zeit, die Pflanzen
abzuernten,
eine Zeit zum Töten und eine Zeit zum Heilen,
eine Zeit zum Einreißen und eine Zeit zum Bauen,
eine Zeit zum Weinen und eine Zeit zum Lachen,
eine Zeit zum Klagen und eine Zeit zum Tanzen,
eine Zeit zum Steinewerfen und eine Zeit zum
Steinesammeln,
eine Zeit zum Umarmen und eine Zeit, sich der
Umarmung zu enthalten,
eine Zeit zum Suchen und eine Zeit zum Verlieren,
eine Zeit zum Aufbewahren und eine Zeit zum
Wegwerfen,
eine Zeit zum Zerreißen und eine Zeit zum Nähen,
eine Zeit zum Schweigen und eine Zeit zum Reden,
eine Zeit zum Lieben und eine Zeit zum Hassen,
eine Zeit für den Krieg und eine Zeit für den Frieden.

Kohelet 3,1–8

Dennoch kann ich leben

Wenn mir einer vorausgesagt hätte,
was ich erfahre mit dir,
mein Gott,
ich hätte es abgetan als Schwärmerei.
Jetzt noch, da es mich ganz
als Mensch ergreift,
übersteigt es mein Verstehen:
Ich gehe durchs Feuer,
und es verbrennt mich nicht.
Ich gehe unter schwerer Last,
und es erdrückt mich nicht.
Was ich voller Angst fürchtete, ist geschehen,
und dennoch kann ich leben.
Du bei mir –
und ich kann die Ungewissheit aushalten,
den Schmerz annehmen.
Ich Ungeduldiger kann zuversichtlich warten,
mich und alles Meine ganz aus der Hand geben.
Du kämpfst ja für mich.
Wie ein Siegel soll dein Tun
seine Spur hinterlassen in meiner Seele,
dass ich nie mehr vergesse,
was du vermagst.

Antje S. Naegeli

Gottes Beistand

Gott
Ich brauche einen Fels,
um darauf zu stehen in dieser fließenden Welt
Ich brauche einen Boden,
der nicht wankt in dieser bebenden Welt
Ich brauche einen Weg,
um mich nicht zu verirren in dieser verwüsteten Welt
Ich brauche einen Stock,
um mich zu halten in dieser gefährlichen Welt
Ich brauche jemanden,
der mich nicht im Stich lässt
in dieser trügerischen Welt

Gott
Sei Du mir Fels
Sei Du mir fester Boden
Sei Du mir Weg und Stock
Sei Du mein Du
jetzt und alle Tage meines Lebens

Anton Rotzetter

Zutrauen

Weil Gott mir zutraut,
meinen Weg zu gehen,
gehe ich Schritt um Schritt.

Weil Gott mir zutraut,
das Dunkel zu erhellen,
zünde ich ein Licht an.

Weil Gott mir zutraut,
neue Räume zu betreten,
schließe ich Türen auf.

Weil Gott mir zutraut,
die Hoffnung zu leben,
verbreite ich Zuversicht.

Kurt Rainer Klein

II. Im Jetzt leben

Wie ab 60 vieles anders wird ...

Ein 62-Jähriger meint: „Selbstverständlich ist bei mir seit zwei, drei Jahren alles anders geworden. Fast jeden Tag beschäftige ich mich mit meinem baldigen Ruhestand und vor allem damit, was ich dann noch Sinnvolles tun kann. ... Man lügt sich in die Tasche, wenn man die Probleme verdrängt, die mit dem Ruhestand auf einen zukommen ...“ Die feuchten Augen bei so mancher Abschiedsfeier in den Ruhestand sind oft realistischer als kühle Distanziertheit oder Verdrängung.

Nicht dass die Jahrzehnte davor unbeschwertes Leben pur gewesen wären. Doch die Zeit um die 60 verändert. Beruflich ist klar, dass im siebten Lebensjahrzehnt der sogenannte „Ruhestand“ kommen wird. Ob etwas früher oder etwas später, eine Umstellung ist das auf jeden Fall: Sie werden sich von Menschen verabschieden, Ihren Arbeitsplatz räumen und Ihre persönlichen Sachen mitnehmen, den Schlüssel abgeben. Es gibt unterschiedliche Gründe, warum Menschen mit 60 Jahren aus dem Arbeitsleben ausscheiden. Die einen gehen freiwillig, andere wiederum werden dazu gedrängt, wieder andere werden entlassen. Gerade bei den Letztgenannten stellt sich häufig das Gefühl ein, in der Arbeitswelt nicht mehr gebraucht zu werden und damit überflüssig zu sein. Vielleicht sind sie auch „zu teuer" im Vergleich zu jugendlichen Anfängern, die man billiger bekommen kann. Für solche Menschen ist es traumatisch, wenn es für sie nach dem Eintritt in den Ruhestand keine Verwendung mehr gibt.

Bei anderen – und das sind viele Menschen – kommt Freude auf, endlich in diese neue Lebensphase starten zu können. Endlich selbstbestimmte Zeit für das zu haben, was sie schon immer tun wollten, etwa reisen, Zeit mit den Enkeln verbringen, mit neuen Möglichkeiten die Partnerschaft zu genießen.

Es ist also ein guter Umgang mit der neuen Situation und ihren Chancen und Herausforderungen gefragt. Dieser Umgang bedarf zugleich einer Spiritualität, die Wert und Würde des eigenen Lebens und der eigenen Person nicht nur über die Zusammenhänge der Arbeit, also berufliches Können, Gebrauchtwerden oder berufliche Anerkennung definiert. Sie muss vielmehr eine tiefere Verankerung für mein Leben erbringen: Natürlich hat mich meine Arbeit geprägt, ich bin aber auch durch mein Engagement, konkrete Kommunikationszusammenhänge, Freundschaften und Vernetzungen, außerdem durch Konflikte, Aufschreie oder Abgrenzungen zu dem geworden, was ich heute bin. Ich bin mehr als meine Arbeit.

Auch wenn Gesundheit und Kraft irgendwann vielleicht nachlassen werden und schon viele gemeinsame Jahre der Kommunikation, gemeinsamer Projekte, Verwirklichung von Ideen, möglicherweise auch Konflikten und Sorgen im Beruf hinter einem liegen, muss man nicht verzagen, sondern kann den Blick nach vorne richten. Diese positive Aussicht ist auch statistisch belegt: Die Mehrzahl der heute 60-jährigen Menschen haben gesunde Jahre voller Tatendrang und geistiger Neugierde vor sich.

Viele erreichen mit leuchtenden Augen ein hohes Alter und wissen, wohin sie gehen werden, wenn sie sich von dieser Welt zu verabschieden haben. Es hat also auch mit der eigenen Mentalität und ihrem tiefgründigen Sinnhorizont zu tun, ob Menschen die dritte Lebensphase als Gewinn und erfüllte Zeit erleben.

„Wer nicht älter werden will, muss jung sterben"

Ich halte nichts von Verdrängungsstrategien. Für mich ist es der spirituell richtigere und weiterführende Weg, der Situation offen und ohne Umschweife ins Auge zu blicken: Das zweite Drittel des Lebens geht zu Ende, der dritte Lebensabschnitt bricht an – und damit auch die möglicherweise letzten zwanzig, dreißig Lebensjahre.

Mehr als sechzig Jahre alt zu werden ist für mich ein Grund für große Dankbarkeit. Viele Menschen, die nicht so alt wurden, habe ich selbst schon mit beigesetzt. Ich blicke dabei auf die vielen Begräbnisse zurück, denen ich als Diakon vorstand. Dabei spreche ich nicht nur von der kleinen totgeborenen Johanna, die ich im weißen Kindersarg beerdigen musste, sondern auch von dem Schulkameraden, der am Ende der Pubertät an Krebs starb; von einem Kommilitonen, der am Ende des Theologiestudiums bei einem Verkehrsunfall ums Leben kam; dem Schulfreund, der aufgrund eines Herzinfarktes nur 35 Jahre alt wurde. Nicht zuletzt denke ich an den 47-jährigen Kolle-

gen, den seine Frau und die damals elf- und drei-
zehnjährigen Söhne beerdigen mussten.

Warum es beim einen so und beim anderen so
kommt? Ich habe es aufgegeben, mir diese Frage
zu stellen – und erst recht den Versuch, sie beant-
worten zu wollen. Eines aber weiß ich: Dass ich
überhaupt sechzig Jahre alt wurde, ist ein Grund,
dankbar zu sein.

Warum aber fällt der dankbare Blick zurück
manchen so schwer und der Blick nach vorne
noch schwerer?

Jede eingreifende Veränderung in unserem Leben macht uns nachdenklich und irritiert uns. Die
Angst vor der Zukunft wird bei manchen intensiver, weil sie sehr wohl wissen, dass sie körperlich
und gesundheitlich, was Lebenskraft und -energie
angeht, den Zenit überschritten haben; ebenso wie
beruflich die Dynamik der bisherigen Jahre hinter
ihnen liegt. „Etwas hinter sich zu haben" stellt
umso mehr vor die Frage, was man vor sich hat.
Schließlich sind das nicht nur Jahre zum Verzwei-
feln oder zum Ängstigen. Das belegen auch die
Zahlen von Statistiken und Umfragen. Die Le-
benserwartung von Männern, die derzeit älter als
60 Jahre werden, liegt bei weiteren 20,6 Jahren;
bei Frauen sind es weitere 24,5 Jahre, hat das
Statistische Bundesamt berechnet. Viele Jahre in

gutem Gesundheitszustand können also noch bevorstehen. Die Zufriedenheit der 60-Jährigen liegt laut Statistik in Westdeutschland bei 6,8 von 10 Punkten in Ostdeutschland bei 6,1 von 10 Punkten. Das entspricht dem subjektiven Wohlbefinden der Bevölkerung zwischen 17 und 59 Jahren; 60-Jährige sind demzufolge so glücklich wie Jüngere.

Die Befürchtung „zum alten Eisen zu gehören" sowie vor gesundheitlichen Einschränkungen ist in diesem Alter nachvollziehbar. Dennoch gibt es viele Möglichkeiten aktiv zu sein oder es zu werden. Die einen beginnen, sich bei altersabgestimmten Lauf- oder Walkingtreffs zu bewegen. Für mich selbst ist der frühmorgendliche Meditationsweg in Richtung der Wurmlinger Kapelle eine spirituelle Grunderfahrung, die mir den Weg nach vorne in den beginnenden Tag öffnet. Bei anderen ist es die Nachbarschaft, die Mitarbeit in einer Solidaritätsgruppe weltweit oder in einer sogenannten „Tafel" im eigenen Wohngebiet, wo die Armen der Stadt mit Lebensmitteln versorgt werden.

Sich zurückzuziehen ist keine Lösung. Wer nicht selbst die Hände ausstreckt, Kontakte sucht und sich öffnet, hat in unserer Gesellschaft wenige Chancen. Darauf zu warten, dass jemand bei Ihnen anklopft, ist ein großer Fehler.

Ein Kollege sagte mir vor einiger Zeit: „Das schlimmste ist: Früher ging laufend das Telefon, jetzt läutet es tagelang gar nicht mehr …" Und ein anderer meinte: „Früher standen die Doktorandinnen und Doktoranden vor meinem Zimmer Schlange, um zehn Minuten mit mir reden zu können. Heute will kein Mensch mehr etwas von mir wissen …"

Es ist gefährlich, den eigenen Lebenssinn lediglich über die Arbeit, den beruflichen Status oder den Erfolg zu definieren und dabei die Kommunikation im engen Familien- und Freundeskreis zu vernachlässigen. Mit dem Eintritt in Rente oder Ruhestand fällt der gewohnte alltägliche Austausch mit Kollegen, Studenten, Schülern oder Kunden weg. Oft fällt einem erst dann auf, wie sehr man die Gespräche im privaten Nahbereich – mit der Familie und engen Freunden – vernachlässigt hat. Ihnen ein verlässlicher Wegbegleiter zu sein und sie als solche zu bewahren ist es aber, was im Leben Halt gibt. Denn am Schluss sind sie es, die uns bleiben.

Die Zeit vergeht immer schneller

Der 2006 verstorbene Psychologe und Forscher zu den Lebensaltern Paul Baltes hat sehr viel über die Veränderungen im Leben durch das Alter publiziert. In einem bemerkenswerten Aufsatz beschreibt er die unterschiedliche Wahrnehmung von Zeit und das sich verändernde Zeitwahrnehmen.

Ein permanentes Gefühl des alten Menschen – ein beunruhigendes, wenn ihm bestimmte Ereignisse der Vergangenheit gegenwärtig werden. Die Zwischenzeit erscheint wie zerronnen. Das objektive irdische Zeitmaß von Jahren und Tagen wird verglichen mit der subjektiven Lebenszeit. Beide Spannen werden in keiner Weise als deckungsgleich empfunden. Als Erklärung dafür lassen sich eine Vielzahl von Ursachen entdecken.

Eine erlebte Zeitspanne ist nicht wie das tägliche Abreißen eines Kalenders – Blatt für Blatt –, es ist vielmehr das Arbeitsergebnis des menschlichen Gedächtnisses. Nun haben wir alle erfahren, dass die Leistungsfähigkeit des Langzeitgedächtnisses stärker ist als die des Kurzzeitgedächtnisses. EinBeispiel: Eine Fahrt durch die Stadt am Steuer des Autos erfordert fraglos ein gewisses Maß visueller Aufmerksamkeit, dennoch kann man sich bald an Detaileindrücke im Umfeld dieser Fahrt kaum noch erinnern. Nach längerer Zeit ist diese Fahrt dem Gedächtnis gänzlich entfallen. Aber die Fahrten am Steuer des ersten eigenen Wagens – und mag das auch Jahrzehnte zurückliegen – haben sich tief in das Gedächtnis eingeprägt.

Offensichtlich haben wir es hier mit einem biologischen Prozess zu tun, der Sorge trägt, dass die flüchtigen kurzzeitlichen Ereignisse des Alltags die Speicherpotenz des Gedächtnisses nicht überfrachten. Die abrufbaren Ereignisse des Lebens lassen aus der in die Vergangenheit gerichteten Perspektive die erlebte Zeit verdichtet erscheinen. Denn der kurzzeitliche Ablauf des Alltags findet in der rückblickenden Erlebenszeit keine Aufnahme. Das Gedächtnis gibt die erlebte Zeit wie in einem Zeitraffer wieder. Das gilt umso mehr beim alten Menschen, dessen gegenwärtiges Leben sich zunehmend am vergangenen orientiert. „Die Zeit verrinnt" ist Ausdruck seines Empfindens.

Die Zeit verrinnt im zunehmenden Tempo. Die verflossene, erinnerbare Zeit vermehrt sich Tag für Tag. Die vor uns liegende, zukünftige

Zeit dagegen vermindert sich Tag für Tag. Der junge Mensch ist noch nicht von der Schubkraft seiner Vergangenheit erfasst; er steigt auf der Leiter seiner Ziele, seiner und anderer Erwartungen: Von der Schule bis in das Berufsleben, Stufe für Stufe ist sein Blick nach vorn gerichtet. Er lebt in die Zukunft.

Der alte Mensch hingegen lebt mehr und mehr in der Vergangenheit. Er versucht seine Erlebenszeit aus der Fülle der Erinnerungsstücke als Ganzes zu erfassen. Allgemeinbegriffe wie „Lebenslauf" oder „Laufbahn" verführen dazu, die Zeit des persönlichen Lebens „im Laufschritt" passiert zu haben, um schließlich erkennen zu müssen, wie schnell das geschehen ist.

Zur nächsten Generation geworden

Bei manchen geht es überraschend und früh. Andere warten lange und sehnsüchtig, bis ihre Kinder sie zu Großeltern machen. Einige erleben es nie.

Es ist eine ganz neue Dimension: Zum ersten Mal das Enkelkind auf den Arm nehmen und in sein Gesicht schauen, den Daumen zur Begrüßung in sein kleines Händchen legen – unvergessliche Augenblicke. Später ein Lächeln, wenn ich ihm das Lied „Weißt du, wie viel Sternlein stehen" pfeife. Enkelkinder sind nicht nur neue genetische „Zufallstreffer". Sie sind ein Geheimnis des Schöpfers, der mich berührt, wenn ein Kind „Opa" und „Oma" sagt.

Wer seinen Enkelkindern in die Augen sieht, begegnet auch der eigenen Kindheit. Ist es diese sensible Öffnung in die eigene Lebensgeschichte zurück, die Enkelkinder in uns auslösen? Ist es die Berührung mit der Zeit, als wir selbst junger Vater, junge Mutter waren und unsere damals kleinen Kindern sehr an uns hingen? Oder ist es das wehmütige Gefühl, dass vor diesen Kindern noch ein ganzes Leben liegt und ich den Großteil meines Lebens hinter mir habe? Das Gefühl, vielleicht ein letztes Mal in der eigenen Familie so nah an Kindheit und Jugendzeit Anteil zu haben?

Kinder sind Botschafter aus der Welt Gottes. Sie sind zeitlich noch näher an ihrem Schöpfer als wir, die wir schon über Jahrzehnte in die Schubladen dieser Welt und unserer konkreten Gesellschaft eingespurt sind: „Wer das Reich Gottes nicht so annimmt, wie ein Kind, der wird nicht hineinkommen." (vgl. Markus 10,15)

Plötzlich ist man mit sich selbst konfrontiert

Ich habe gelebt – und auch nicht schlecht gelebt, bevor ich Kinder hatte, lebe aber reicher, seit ich gemeinsam mit meiner Frau mein Leben mit Kindern teilen konnte.

Die Kinder sind, wie ich es ja immer angestrebt habe, groß und erwachsen geworden. Es kann uns ja nichts besseres passieren, als dass unsere Kinder groß und erwachsen werden.

Wären sie mit 30 Jahren immer noch zu Hause, würde ich dies als Alarmzeichen ansehen – wenn nicht spezielle Situationen wie Krankheit und ähnliches dies erforderlich machen.

Der Auszug der Kinder aus dem Elternhaus ist allemal eine Umstellung. Eine Umstellung, welche die Kommunikation und das gemeinsame Leben als Paar komplett verändert. Wenn gesundheitlich nichts Dramatisches dazwischen kommt, liegen noch viele Jahre vor einem, die in einer neuen Weise – nicht mehr über die gemeinsame Aufgabe der Kindererziehung – zu gestalten sind.

Sich als Paar neu aufeinander, aber auch sich selbst neu auf sich einzustellen, ist die Herausforderung.

Erneut lernen, in mir selbst zu wohnen und mit mir selbst im Frieden zu sein. Die Wohnung ist einerseits leerer, mein Leben aber an Erfahrung und an Beziehungsqualität reicher geworden. Diesen „Reichtum" wird mir niemand mehr nehmen.

Die neue Rolle annehmen

Mit den Kindern der Kinder kommt neues Leben in die Familie, aber auch Fragen zu Erziehung und dem Umgang mit den alltäglichen Herausforderungen. Das sind oft generationsübergreifende Fragestellungen – die Erfahrung der Großeltern trifft da häufig auf das andere Verständnis von Erziehung seitens der Eltern. Darin liegt ein Potenzial, aus dem nicht zwangsläufig immer ein Konflikt entstehen muss. Vielmehr können Chancen daraus erwachsen, die Ihnen, Ihren Kindern und vor allem den Enkeln sehr viel Freude und Freiheit schenken.

Überlassen Sie Ihren Kindern die Erziehung

Der Bedarf an Zuwendung für die nachwachsenden Kinder ist groß. Dies ist zum einen mit den beruflichen Kontexten für beide Elternteile zu erklären, aber nicht nur das: Oma und Opa werden von Enkelkindern hoch geschätzt. Oft höre ich

Kinder voller Begeisterung von ihrem Opa oder ihrer Oma erzählen. Großeltern stehen jedoch nicht in Konkurrenz zu den Eltern, sondern genießen eine andere Qualität von Beziehung: Nicht in der Hauptverantwortung für die Kinder stehend, Erfahrungen und Fehler in der Erziehung der eigenen Kinder reflektierend – mit mehr Distanz gehen viele Großeltern heute mit ihren Enkelkindern sehr einfühlsam und liebevoll um.

Häufig kommt es jedoch zu Spannungen zwischen den eigenen Kindern und den Eltern. Denn Enkel sind, bei aller Liebe, nicht unsere Kinder. Das müssen wir respektieren – nicht zuletzt in der Erziehung. Sie ist ursprüngliche Kompetenz und Aufgabe der Eltern und nicht der Großeltern. Viele junge Eltern leiden darunter, dass die Großeltern ihnen direkt oder indirekt in die Erziehung hineinreden, dauernd Ratschläge geben und die Enkelkinder für eigene Interessen vereinnahmen. Dadurch werden Enkel oft in innerfamiliäre Konflikte hineingezogen.

Besser ist es, die jungen Eltern in ihrem Tun zu würdigen. Sie selbst haben sich von ihren Eltern auch nicht in die Erziehung ihrer Kinder hineinreden lassen. Wie hätten Sie sich gefühlt, wie hätten Sie abgeblockt, sich vielleicht nur still geärgert? Auf jeden Fall hätten Sie sich nicht darüber

gefreut. Besonders heikel ist es, wenn sich Großeltern über die fehlende oder zu strenge religiöse
Erziehung der Enkelkinder Sorgen machen.

In unserem Forschungsprojekt „Religiosität
und Familie" an der Universität Tübingen zeigte
sich, dass 71 Prozent der befragten Eltern die Unterstützung, die sie von den Großeltern ihrer Kinder in der religiösen Erziehung erfahren haben,
nicht in guter Erinnerung behalten; bei der all-
gemeinen Erziehung liegt dieser Anteil hingegen
lediglich bei 58 Prozent. Mitunter waren hierfür
unterschiedliche religiöse Vorstellungen und Gottesbilder verantwortlich.

Seien Sie Ihren Kindern ein Gesprächspartner

Für viele Eltern ist es schwer zu sehen, dass die
eigenen Kinder die Enkelkinder nicht mehr religiös erziehen, dass diese sozusagen als „religiöse
Analphabeten" aufwachsen. Eine Großmutter
sagte mir erst kürzlich: „Wenn wir mit unserer
Tochter über Gott sprechen, dann empfindet sie
dies als Einmischung." Ich kenne mehr als eine
Leidensgeschichte von Großeltern, denen die jungen Eltern jegliches religiöse Gespräch mit den
Enkelkindern verboten haben.

Allerdings erzählen mir viele junge Eltern in direkten Gesprächen, dass sie ihre Kinder eigentlich schon gern religiös erziehen wollen, aber nicht wissen, wie das gehen soll. Mir begegnen bei jungen Eltern sehr unterschiedliche Gründe und Ausgangssituationen, warum sie ihre Kinder (noch) nicht religiös erziehen. Für Sie als Großeltern bietet dies eventuell noch einmal die Möglichkeit, mit Ihren Kindern über die Thematik „religiöse Erziehung" ins Gespräch zu kommen. Je vertrauensvoller die Situation zwischen Ihnen und Ihren Kindern ist, desto besser ist es.

Abzuraten ist aber davon, seine Sicht aufzwingen zu wollen oder sogar darüber in Streit zu geraten. In der Regel führt dies lediglich zu verhärteten Fronten zwischen den Eltern und Kindern und verhindert ein weiteres Gespräch vielleicht für immer. Literaturhinweise hierzu finden Sie am Ende dieses Buches.

Als Großeltern kann es für Sie hilfreich sein, sich die folgenden Ansichten zu vergegenwärtigen, welche sich bei jungen Eltern häufig feststellen lassen:

„Hilfe, mein Kind ist fromm!" – Diese Eltern stellen sich den zum Teil bohrenden religiösen Fragen ihrer Kinder, wissen aber nicht damit umzugehen

und fürchten, keine Antworten zu haben. Sie blenden diesen Bereich dann komplett aus und warten, bis ihr Kind außerhalb der Familie, im Kindergarten oder im Religionsunterricht, religiöse Unterstützung bekommt. Sehr eindrücklich war für mich die WDR-Dokumentation „Hilfe, mein Kind ist fromm!". Darin regte ein achtjähriges Mädchen seine Mutter, die meinte, mit Gott bereits für immer abgeschlossen zu haben, zu neuen religiösen Denkanstrengungen an; es „mischte" sie geradezu „religiös auf".

„Ich habe mit meiner eigenen religiösen Erziehung in der Kindheit schlechte Erfahrungen gemacht." – Wer Angst machende Gottesbilder oder zwanghafte religiöse Vollzüge in seiner Familie miterleben musste, hat oft große Schwierigkeiten, sich davon zu lösen und eine andere, selbstbewusste Form religiöser Erziehung zu entwickeln. Die Herausforderung besteht darin, die eigene religiöse Biographie offen und mitunter kritisch in den Blick zu nehmen und einen für sich stimmigen Weg zu entwickeln. Das eigene Erleben muss nicht zwangsläufig als Richtschnur für die Erziehung der Kinder gelten. Neuaufbrüche sind möglich und müssen auch möglich sein, um dem Wohl des Kindes Rechnung zu tragen.

Ähnlich ist es möglich und nötig, die eigene religiöse Erziehung, die mit schlechten Erfahrungen verbunden wird, kritisch anzuschauen und sie hinter sich zu lassen. Es gilt, mit den eigenen Kindern neue Wege einer aufbauenden Gottesbeziehung zu entdecken, sich beispielsweise in abendlichen Ritualen Gott anzuvertrauen, ihm zu danken und ihn um Behütung und Begleitung für den nächsten Tag zu bitten.

„Ich glaube selbst die meisten biblischen Geschichten nicht, warum soll ich dann meinem Kind aus der Bibel vorlesen? Mein Kind merkt das doch!" – Diese Frage stellte eine junge Mutter im Rahmen eines Vortrags von mir zum Thema „Kinder nicht um Gott betrügen". Sofort griff eine Kinderpsychotherapeutin in die Diskussion ein und sagte zu ihr: „Machen Sie sich keine Sorgen; die biblischen Geschichten wirken auch ohne Sie!"

In dieser Situation ging mir Wesentliches auf: Wir können uns selbst entlasten! Die biblischen Geschichten „machen" etwas mit dem Kind, und das Kind „macht" selbstständig etwas mit den biblischen Geschichten. Wir müssen nicht stellvertretend *für* die Kinder glauben. Sie glauben schon *selbst* – auf ihre Weise, in ihrer eigenen Dynamik und Intensität. Oft sind Kinder wie „Priester" ihrer Eltern, wie „Engel am Wege" ihrer Eltern und „Botschafter Gottes".

„Ich glaube nicht mehr an Gott, warum soll ich meinem Kind etwas vormachen? Ich bin aus der Kirche ausgetreten." – „Ich habe den Glauben an Gott verloren." – Ich kenne Beispiele von Familien mit mehreren erwachsenen Kindern: Die eine Tochter ist kirchlich hoch engagiert, die andere Tochter aus der Kirche ausgetreten, und der Sohn orientiert sich esoterisch. Trotz ähnlicher religiöser Erziehung sowie vergleichbaren Erfahrungen mit Ritualen und Kirchengemeinde haben sich die religiösen Biographien dieser Kinder gegensätzlich entwickelt.

Neben der familiären Prägung spielt die Partnerwahl eine große Rolle. Die Entscheidung für einen Partner, dem religiöse Erziehung nichts bedeutet, kann dazu führen, dass religiöse Erziehung in der jungen Familie zum Konfliktfall oder ganz ausgegrenzt wird.

Was können Sie als Großeltern konkret tun, wenn Ihr Sohn seine Kinder nicht religiös erzieht?

Jungen Eltern, die ihren Gottesglauben verloren oder ihr Einverständnis im Glauben bewusst zurückgenommen haben, ist zunächst einmal würdigend zu begegnen. Es wird Gründe geben. Jeder

Mensch hat schließlich ein Recht auf seine eigene religiöse Entscheidung. Je mehr Sie hineinreden, desto mehr wird sich Ihr Sohn oder Ihre Tochter in dieser Position „einigeln". Schon mehrfach bin ich Zeuge geworden, wie sich solche Positionen im Laufe von Jahrzehnten wiederum positiv verändern können. Menschen, die sich selbst als ungläubig bezeichnet haben, fahren Schritt für Schritt wieder „religiöse Antennen" aus, öffnen sich für die Möglichkeit, dass es Gott doch geben könnte und finden einen neuen Weg mit Gott – und dies nicht zuletzt aufgrund religiöser Fragen der eigenen Kinder.

Nichts von dem, was Sie als Eltern Ihren Kindern an religiöser Orientierung ermöglicht haben, geht verloren. Tiefenpsychologisch ist die Öffnung des Kindes auf die Welt Gottes wie ein Samenkorn, das auch noch sehr spät aufgehen kann. Falls es wirklich nie aufgehen wird, haben Sie das, gut biblisch gesprochen, weder positiv noch negativ in der Hand. Für viele Menschen ereignet sich die Begegnung mit Gott in Krisensituationen; oft findet sie – nicht überraschend – erst in der Sterbephase statt.

Und dennoch können Sie als Großeltern mit Ihren erziehenden Kindern einfühlsam diskutieren:

- Wenn du selbst unmusikalisch bist, kannst du dennoch deinem Kind die Möglichkeit geben, ein Instrument zu lernen. Wenn du selbst nicht Fußball spielst, kannst du dennoch deinem Kind eine Chance geben, Fußball spielen zu lernen. Wenn du selbst den Glauben an Gott verloren hast, ist dies noch kein Grund, deinem Kind den Glauben an Gott zu verbauen.

- Dass es für Kinder in der künftigen Gesellschaft eine Grundkompetenz sein wird, sich religiös zu orientieren, selbst reflektiert religiöse Erfahrungen zu machen und interreligiöses Verständnis aufzubauen, wird immer deutlicher.

„Religion ist nichts für dich. Du hast zu warten bis du erwachsen bist." – Dem Kind religiös eine Chance zu geben, ihm nicht Wege zu verbauen, ist eine wichtige Aufgabe junger Eltern, wenn man wirklich vom Kind her denkt. Es ist der Würde von Kindern angemessen, von ihnen selbst und nicht nur von den Glaubensproblemen der Eltern her zu denken. Aber dürfen Eltern ihren Kindern die religiöse Erziehung verweigern, damit diese sich später einmal selbst entscheiden können? Dürfen Eltern in einer solchen Weise über ihre Kinder verfügen?

Kindern eine religiöse Erziehung mit dieser Begründung vorzuenthalten, ist eine autoritäre Entscheidung gegenüber dem eigenen Kind. So offen zu sein, dass Kinder auch gegen die eigene Konzeption entscheiden dürfen, ist ein Anspruch an beide Seiten. Gläubige Eltern sollten innerlich so frei sein, dass sie ihren Kindern Entscheidungsspielraum geben. Umgekehrt sollten ungläubige Eltern ihren Kindern den Weg für religiöse Entscheidungen öffnen, auch wenn diese jeweils nicht mit der eigenen Weltsicht übereinstimmen.

Ohne Sinnorientierungen kommen wir nicht durchs Leben. Schließlich teilen wir mit unseren Kindern nicht nur Nahrung, Essen und Wohnraum. Wir leben und reden mit ihnen, ob wir es wollen oder nicht, auch dauernd Sinnerfahrungen. Wer seinem Kind ein Leben ohne Gott kommuniziert, gibt ihm schließlich auch eine Entscheidung mit.

Wie und wann dann Menschen Gott begegnen und wie er ihnen begegnet, ist und bleibt ja auch für religiöse Menschen – für diese sogar umso mehr – ein göttliches Geheimnis!

Den Enkeln ein Vorbild sein

Wenn Ihre Kinder auf eine religiöse Erziehung verzichten, können Sie trotzdem für Ihre Enkelkinder ein Vorbild sein. Die eigene Überzeugung und den eigenen Glauben zurückzunehmen, weil Ihre Kinder das nicht möchten, wäre fatal. Vielmehr können Ihre Enkelkinder religiöse Überzeugungen und Rituale bei Ihnen als selbstverständlich in den Alltag integriert erleben. So kann sich etwa Ihr Enkelkind beim Besuch anfänglich über das gemeinsame Gebet vor dem Essen wundern, aber Kinder sind für Neues generell aufgeschlossen. Das Tischgebet kann gerade dann besonders interessant sein, wenn Ihr Enkelkind es nicht von zu Hause kennt.

Ein Beispiel: Die Großeltern beten wie immer vor dem Essen und reichen sich nach dem kurzen Gebet die Hände – selbstverständlich auch dem dreijährigen Enkelkind, das aber vom Tisch weggeht. Dieser Ritus ist für den kleinen Jungen offensichtlich (noch) nicht nachvollziehbar. Ein Jahr später: Die Großeltern beten ausnahmsweise nicht, spontan sagt der Vierjährige: „Oma, da fehlt noch was ..." Plötzlich fordert er das Gebet ein. Er bleibt sitzen und reicht mit strahlenden Augen die Hände. Seither ist es ein stabiler Ritus für ihn und seine Familie, bei Oma und Opa vor dem Essen zu beten.

Kennen Kinder die religiösen Rituale von ihren Eltern nicht, kann es für sie umso interessanter und lehrreicher sein, sie bei den Großeltern erleben zu können. So können Sie abends mit Ihrem Enkelkind eine Kerze anzünden, ihm aus der Kinderbibel vorlesen, mit ihm noch einmal den Tag durchgehen – „Was war heute schön? Was war nicht so schön?" – und sich damit gemeinsam Gott anvertrauen.

Eine gegenseitige Akzeptanz der jeweils anderen Familienkultur wird hierbei allerdings vorausgesetzt oder ist herzustellen. Eigene Rituale jedoch aufgrund der jungen Eltern auszusetzen, verhindert neue Lernerfahrungen. Religionspädagogisch ist es erwiesen, dass Kinder durch die Wahrnehmung des jeweils Anderen etwas für sich selbst hinzugewinnen; sie sind sehr „neu-gierig" auf andere Lebensvollzüge. „Den Anderen als Anderen wahrzunehmen" (Emmanuel Lévinas) ist für die Persönlichkeitsentwicklung zentral. Als Großeltern geben Sie Ihren Enkelkindern Wesentliches mit, wenn diese an Ihren Ritualen teilhaben können.

Wie wichtig Sie als Großeltern für ihre Enkelkinder sein können, konnten wir in unserem

Forschungsprojekt „Wirkungen religiöser Familienerziehung" nachweisen. Jugendliche berichteten uns in Interviews immer wieder davon, wie wichtig ihnen (rückblickend) ihre Großeltern bei religiösen Fragen als Vorbilder waren. Vor allem die emotionale Zuwendung der Großeltern in Kombination mit den Ritualen wurde als sehr eindrucksvoll hervorgehoben. Besonders wichtig sind die Großeltern bei der religiösen Entwicklung der Kinder und Jugendlichen: „Sie fungieren oft als zentrale Vertrauenspersonen, die im Erleben ihrer heranwachsenden Enkelkinder einen Zusammenhang von Glaubens- und Alltagsvollzügen garantieren", heißt es in der Studie. Und die quantitative Befragung bestätigt: 83 Prozent der Jugendlichen erinnern sich daran, dass ihre Eltern ihnen als kleinen Kindern von Gott erzählt haben. 62 Prozent der Großeltern haben mit ihren Enkelkindern ebenfalls von Gott gesprochen.

Welche Bedeutung die Großeltern haben können, zeigt ein weiteres Ergebnis: Zumeist übernehmen Kinder und Jugendliche, auch wenn sie sich in einer Lebensphase der Ablösung und Neuorientierung befinden, die grundsätzlichen Einstellungen der Eltern zu Religion und Glaube. Es lässt sich aber feststellen, dass wenn es zu deutlichen Differenzen zwischen der Religiosität der Eltern und der des Kindes kam, dies durch den Einfluss der Großelterngeneration verständlich wird. Wirkungszusammenhänge bestehen also über mehrere Generationen hinweg. In der religiösen Erziehung können Großeltern folglich einen großen Einfluss haben – und sie nehmen diese Verantwortung auch gerne wahr: In fast jeder zweiten Familie engagieren sich die Großeltern in der religiösen Erziehung.

Wenn Ihre Enkelkinder Sie also als emotional zugewandte Großeltern wahrnehmen, die an Gott glauben und religiöse Rituale realisieren, dann wird dies seine Wirkung zeigen. Mehr als Glaubenszeuge für Ihre Enkelkinder zu werden können Sie nicht tun.

Bernhard Grom hat in seinen Analysen internationaler Untersuchungen zur Familienreligiosität und religiöser Identitätsbildung auf den Zusammenhang von emotionaler Zuwendung und erfolgreicher religiöser Erziehung hingewiesen. Demnach ist religiöse Erziehung ein kommunikativer Prozess, den Kinder durch die Zuwendung „du bist radikal geliebt, du bist ein Wunschkind Gottes, du bist für uns wichtig" erleben können. In der religiösen Erziehung geht es nicht nur um Glaubenswissen, sondern um die Wahrnehmung und Realisierung der schließlich grundlegenden Zugehörigkeit zum „Be-Reich" Gottes, zu Akzeptanz und unbedingtem Geliebtsein. Es geht um unsere Existenz in der Gottesbeziehung. Entscheidend für eine gelingende religiöse Erziehung ist daher auch, welches Gottesbild wir unseren Kindern und Enkelkindern vermitteln.

Wie meine Großmutter mein Bild von Gott prägte

Meine Großmutter Josefine Biesinger war für mich religiös sehr wichtig. Aber sie hat mir als Kind das damals weit verbreitete Angst machende Gottesbild und den Druck, es Gott nie recht machen zu können, mitgegeben. So hatten wir etwa auf unserer kleinen Landwirtschaft den Heuwagen gerade noch rechtzeitig in die Scheune geschoben als ein riesiges Gewitter anbrach: Es krachte, hagelte, blitzte. Ein Donnergrollen nach dem anderen. Ein Wolkenbruch, das Wasser schoss die Straße hinunter. Das Licht ging aus.

Meine Großmutter nahm uns Kinder an die Hand und führte uns ins Wohnzimmer, meine Mutter kam später nach. Sie zündete eine Kerze an und betete mit uns: „Am Anfang war das Wort und das Wort war bei Gott und Gott war das Wort" – der Beginn des Johannesevangeliums. Wir beteten, und nach einer halben Stunde verzog sich das Gewitter. Ich war fasziniert, dass Beten gegen Gewitter half! Wenn ich lange genug bete, geht jedes Gewitter weg! Ein Ritual, das mir bewusst machte: In der Stunde der Not sprichst du am besten direkt mit Gott. Ich habe also gelernt, mich in solchen Momenten Gott anzuvertrauen, und dieses Vertrauen ist mir als eine kostbare Gabe meiner Großmutter bis heute erhalten geblieben. Dafür werde ich meiner Oma immer dankbar sein.

Aber nach dem Gewitter sagte sie mir: „Albertle, hast du gesehen? Der Himmelvater hat mit dir geschimpft, weil du mir nicht gehorcht hast." In meinen Kinderjahren hat mich dieses Gottesbild begleitet, weil es in mir zwei widersprüchliche Gefühle ausgelöst hat: „Auf den musst du aufpassen, der merkt sich alles, sieht alles und dann schlägt er fürchterlich zu …" Und: „Der Gott macht ja ein ganz schönes Theater, nur weil ich der Oma nicht gehorcht habe …" Gottesbilder können einengen und unfrei machen.

Heute trage ich andere Bilder vom befreienden Gott in mir:

- Gott ist wie ein guter Vater, zu dem ich „Abba" – „Papa" – sagen kann (vgl. Römer 8,15).
- Gott ist Licht.
- Gott ist wie Atem zum Leben.
- Gott ist Umfassungserfahrung.
- Gott ist Schöpfungsenergie.

- Gott ist der, dem ich alles sagen kann, ich kann mich bei ihm beklagen, auch über das, was nicht geht in meinem Leben.
- Gott ist Rettung aus Elend und Not.
- Gott ist die Herkunft meiner Herkunft.
- Gott gibt meiner Zukunft eine Zukunft über den Tod hinaus.

Vor Gott habe ich „Ehr-Furcht". Ich verneige mich vor Gott, aber Angst habe ich vor ihm nicht. Gott will Ihnen und mir und allen Menschen Gutes. Wenn wir uns von Gott durch Schuld und Sünde entfernt haben – kein Mensch kann ohne Schuld durch dieses Leben kommen –, dann sind Umkehr und Hinkehr fällig. Wie den verlorenen Sohn (vgl. Lukas 15,11–32) wird Gott uns in seine Arme nehmen, uns begleiten und weiterführen.

Von den Kindern lernen

Unterschiedliche Gottesbilder zwischen Großeltern und Eltern, so höre ich in vielen Diskussio-
nen vor allem mit jungen Eltern, erzeugen oft
Spannungen in der religiösen Erziehung. So geschieht es immer noch, dass junge Eltern ver-
suchen, ihren Kindern positive Gottesbilder mit
auf ihren Lebensweg zu geben – während die
Großeltern Angst machende Gottesbilder, wie
etwa „Du kommst in die Hölle" oder „Gott passt
auf, ob du etwas falsch machst" vermitteln. Bei
solch unterschiedlichen Ansichten geraten die
Kinder zwischen die Fronten.

Dabei ist Angst vor Gott, christlich gesehen,
sinnlos. Es grenzt geradezu an eine Beleidigung
Gottes, wenn wir ihn zum Angst-Götzen degra-
dieren und unsere Ängste auf ihn projizieren. Im
Neuen Testament gibt es überhaupt keinen Beleg
dafür, dass Jesus Kindern Angst vor Gott gemacht
hat; wenn er vom „Gericht" gesprochen hat, zielte
dies immer auf Erwachsene ab. Für uns Erwachsene ist es wichtig, uns kritisch den Folgen unseres

Handelns zu stellen und nicht alles für akzeptabel und richtig zu halten. Wir können uns mit unserem Handeln sehr wohl von Gott entfernen, zu ihm auf Distanz gehen.

Wenn Sie selbst Angst machende Gottesbilder in sich tragen, könnten Sie das dritte Lebensalter für eine Unterbrechung, eine Klärung der eigenen Gottesbeziehung nutzen. Vielleicht können ja gerade der Austausch und die Diskussion mit Ihren Kindern oder Enkeln hilfreich sein. Denn Kinder haben oft ein feines Gespür, und so kann die religiöse Erziehung zu einem gemeinsamen Projekt, einer gemeinsamen Entwicklung des Glaubens werden.

Mein damals fünfjähriges Enkelkind Joshua hat mir beispielsweise nochmals die Augen für die christliche Nächstenliebe geöffnet: Ich musste zu einem Kongress nach Peru und erzählte ihm, dass ich dort arme Kinder treffen würde, die nichts zu essen hätten. Spontan drückte er mir all sein erspartes Geld in die Hand und sagte: „Opa, kauf den armen Kindern Äpfel – weil Äpfel sind gesund." Das Kind hat spontan gewusst, dass es nicht sein darf, dass Kinder hungern müssen, und hat reagiert. In Peru habe ich dann einen großen Sack Äpfel gekauft und allen Kindern des armen Dorfes Jatucacci, auf 4500 Metern Höhe in den

Hochanden am Titicacasee gelegen, einen Apfel von Joshua in die Hand gedrückt und sie gesegnet.

Jesus hat Kindern gezeigt, dass Gott sie radikal liebt und sie von Gott behütet durchs Leben gehen können. Nicht ohne Grund hat er sie als Vorbilder für die Erwachsenen eingesetzt.

Bis an den Himmel reicht dein Erbarmen

Herr, bis an den Himmel reicht dein Erbarmen,
deine Treue bis an die Wolken.
Wie die Gottesberge ist deine Gerechtigkeit,
deine Gerichte sind wie die Tiefen des Meeres,
Menschen und Tieren bist du ein Helfer, o Herr.
Wie kostbar ist, o Gott, deine Huld!
Zuflucht finden die Menschen in deiner Fittiche
  Schatten.
Vom Reichtum deines Hauses werden sie satt,
du tränkst sie aus dem Strom deiner Wonnen.

Psalm 36,5 – 9

Meine Hoffnung und Stärke

O Gott, du hast mich gelehrt von Jugend auf,
von deinen Wundern erzähl ich noch heute.
Und bis ins Alter, ins hohe Alter,
Gott, verlasse mich nicht;
dass ich künde diesem Geschlecht die Kraft deines
*   Armes*
und allen Kommenden deine Stärke

Psalm 71,17–18

Alt und weise lass mich werden

Alt und weise
wie der Baum im Garten
mit den vielen Früchten
So lass mich werden
Du Gott meines Lebens

Alt und gut
wie der köstliche Wein
auf dem Tisch
So lass mich werden
Du Gott meines Lebens

Alt und sanft
Wie die Abendsonne im Herbst
So lass mich werden
Du Gott meines Lebens

Anton Rotzetter

III. In Gemeinschaft leben

Engagement in sozialen Projekten

Der Neurobiologe und Psychiater Joachim Baur hat in neueren Argumentationsgängen belegen können, dass unsere menschliche Grundausstattung auch von der Gehirnforschung her am sinnvollsten mit dem Stichwort „Kooperation" umschrieben wird. Unsere Motivationssysteme sowie unser gesamtes System zielen auf Kooperation mit anderen, kooperative Verhaltensweisen entsprechen sowohl unserem neurobiologischen System als auch den großen ethischen Entwürfen der abendländischen Kultur, welche sich im Christentum und in der Neuzeit auch im Humanismus inhaltlich konkretisiert haben.

Solidarität mit den Menschen und mit der Umwelt im Nahbereich, aber auch im globalen Zusammenhang zu üben, ist eine Herausforderung, die mit dem Eintritt in den Ruhestand längst nicht zum Ende kommt. Für viele Menschen ist gerade diese Phase sogar eine herausragende neue Möglichkeit, um Solidarität und Kooperation zu üben. Selbstverständlich kann man mit dem Eintritt in den Ruhestand „tun, was man will". Aber auch dies muss ja nicht ohne Sinn und Ziel entschieden werden. Will ich mein Leben sinnvoll gestalten, dann sind die Grundfragen: Wofür und vor allem für wen will ich mich in den nächsten Jahren einbringen? Mit wem und in welchem Anliegen werde ich mich engagieren? Sowohl in der näheren Umgebung als auch global gibt es hierzu viele Möglichkeiten: Sie können Kindern in Krankenhaus oder Kindergarten als „Lese-Opa" oder „Lese-Oma" etwas vorlesen, sich im örtlichen Asylbewerberheim um Migrantenkinder kümmern, Kranke besuchen, in der Solidaritätsgruppe „Eine Welt", der Pfarrgemeinde oder der örtlichen „Tafel" mithelfen. Darüber hinaus besteht immer die Möglichkeit auch bei den großen Hilfswerken wie Misereor, Adveniat, Missio, Brot für die Welt oder der Diakonie mitzuarbeiten. (Adressen der Hilfswerke finden Sie am Ende des Buches.)

Gerade das dritte Lebensalter bietet die Chance, endlich diejenigen Dinge in unserem Leben zu realisieren, die bisher aufgrund der beruflichen Aufgaben und Verpflichtungen zu kurz gekommen sind.

Gründen Sie – auch gemeinsam – eine Stiftung

Wer über die entsprechenden finanziellen Mittel verfügt, kann für ein wichtiges soziales Anliegen eine Stiftung gründen. Natürlich gilt dieser Ratschlag nicht, wenn Sie finanziell selbst knapp sind – das wäre ja blanker Hohn. Statistisch ist es aber tatsächlich so, dass in unserer Gesellschaft viele Menschen im dritten Alter große materielle Möglichkeiten haben. Diese über den eigenen Tod hinaus für wirklich Not leidende Menschen – insbesondere Familien –, für ein Anliegen in der Ökologie oder der Erziehung, für Sterbebegleitung u. a. zu investieren, ist das Gebot der Stunde.

Derzeit beträgt das Grundkapital für eine Stiftung meist 50.000 Euro, in Ausnahmefällen weniger. Man braucht einen Stiftungsrat und einen Stiftungsvorstand, doch das lässt sich alles regeln.

Die von mir gegründete Stiftung „Gottesbeziehung in Familien" zeigt mir die positiven Möglichkeiten einer Stiftung: Sie ist immer auch ein deutlicher Hinweis auf vernachlässigte Themen, auf Defizite sowie Ungerechtigkeiten und kann innovativ eine Veränderung anstoßen. Verschiedene Webadressen zum Thema Stiftungsgründung sowie die Homepage der Stiftung „Gottesbeziehung in Familien" finden Sie am Ende dieses Buches.

Das „dritte Alter" – vom „vierten Alter" aus gesehen (Gerhard Braun)

Mit Gerhard Braun, jahrzehntelang Professor an der Universität der Künste in Berlin, habe ich seit Jahren über die Themen dieses Buches gesprochen. Er hat Analysen erstellt und die Debatten in den großen Zeitungen verfolgt. Darüber hinaus aber ist er für mich im Blick auf die Fragen, die sich für Menschen ab sechzig ergeben, ein glaubwürdiger Gesprächspartner. Von besonderem Interesse ist sein „Rückblick" als 86-Jähriger auf seine letzten 26 Jahre:

Die Kräfte lassen nach

Die Angst des Alterns. Nicht gemeint ist die Angst vor dem Alter – an ihr kann auch ein relativ junger Mensch leiden. Vielmehr gemeint ist die Angst im fortschreitenden Vollzug des Alterns. Es sind die fast täglich spürbaren Symptome des Nachlassens der körperlichen und geistigen Kräfte.

Man beginnt, für eine sehr begrenzte Zeitspanne von Zukunft wahrzunehmen. Es wird bewusst, dass diese Zeitspanne durch den Tod begrenzt sein wird. Löst das die Angst des Alterns aus? Ist es Todesangst? Oder ist es nicht vielmehr Lebensangst, die durch das Nachlassen der Kräfte, welche bislang das Leben ausmachten, ausgelöst werden? Eine Angst vor den Symptomen des Alterns – seien es körperliche Anzeichen, sei es nachlassende Leistungsfähigkeit der Wahrnehmungsorgane.

So werden Klagen über Vergesslichkeit immer häufiger. Klagen, die von Jüngeren relativiert werden durch den Hinweis, dass man selbst vergesslich sei. Und dafür werden gleich hinreichend Beispiele gegeben. Der gut gemeinte Trost kann jedoch nicht darüber hinwegtäuschen, dass der ältere im Gegensatz zum jüngeren Menschen darunter zu leiden hat. Denn für ihn sind diese Ausfälle und Fehlleistungen des Gedächtnisses charakteristische Merkmale des fortschreitenden Alterns.

Die 80-Jährige verwechselt das Datum und erwartet meinen Besuch eine Woche später. Ich versuche sie zu trösten, dass mir dies auch schon passiert sei. Aber ihre Reaktion ist deutlich: „Für mich ist das kein Trost dafür, dass ich mir kaum noch etwas merken kann."

Wenn die Kräfte tatsächlich nachlassen und Menschen Schritt für Schritt merken, dass ihnen

Namen, Begriffe, Daten, Vereinbarungen einfach nicht mehr „einfallen", sondern sie mühsam in ihrem Gedächtnis suchen und suchen und suchen müssen ... dann werden Worte rar, die wirklich trösten können. Vielleicht ist Trost gar nicht angesagt; vielleicht geht es eher darum, gemeinsam Wege zu suchen, wie wir damit zurecht kommen – ohne diejenigen, die nicht mehr so können, zu demütigen.

Mit diesen und anderen altersbedingten Fehlleistungen muss man umzugehen lernen. Man sollte lernen, aus den Folgen solcher Fehlverhalten keine Vorwürfe abzuleiten. Selbstvorwürfe oder gar mahnende Korrekturen und bemitleidendes Lächeln durch die Mitmenschen verstärken unnötigerweise den Leidensdruck. Es gibt sehr krasse Beispiele der Missachtung von Eigenständigkeit einer betreuten Person. Etwa wenn die Pflegerin den alten Menschen mit dem kollektiven „Wir" anspricht – und ihn damit entpersönlicht – oder wenn dessen Fehlleistungen mit einem spöttischen Lächeln quittiert werden. Eine Überforderung der autonomen Kräfte verursacht Depressionen. Doch auch das Gegenteil kann von Übel sein: die Unterforderung der Selbstbestimmungskräfte.

Das Nachlassen der Kräfte kann plötzlich durch Krankheit oder einen Schlaganfall eintreten, geschieht es aber weitgehend unauffällig, schleichend. Die Leistungsfähigkeit der Sinnesorgane wird langsam reduziert. Sehen, hören, riechen. Zunächst bemerkt der Betroffene das selten, verdrängt den Prozess der Einschränkung und stellt ihn gegenüber seinen Mitmenschen in Abrede. Sinnvollerweise wird die Reduktion der Sinneskräfte von der Natur fast ausgeglichen: Die Menge der überflüssigen Information durch Sehen, Hören usw. wird stärker auf das Wesentliche reduziert.

Mit dem Älterwerden werden zunehmend die Hilfen durch Geräte und Personen in Anspruch genommen. Nach der erwähnten Spanne des Verdrängens dieses Prozesses wird dem alten Menschen die Minderung seiner Autonomie bewusst. Der dadurch ursächlich entstehende Leidensdruck – das Gefühl, das tägliche Leben wird mehr und mehr fremdbestimmt – muss aber nicht als naturgewollt hingenommen werden. Je mehr einem bewusst wird, dass wir im Leben keine absolute Selbstbestimmung erwirken, dass soziale, ethische Bindungen, Konventionen und berufliche Abhängigkeiten das nicht zulassen, desto eher kommen wir damit zurecht. Der Mensch ist ein sozialgebundenes Wesen – von der Geburt bis zum Tode.

Sieht man den Prozess des Alterns unter diesen Prämissen, dann erscheint der Verlust von Eigenständigkeit als eine Relation, die man nicht unbedingt erleidet, sondern die man zu erfüllen versucht. Das heißt, der Grad der Eigenständigkeit ist am Stand der Leistungsfähigkeit zu messen. Eine solche Einsicht sollte sowohl der betroffenen ältere Mensch als auch die helfende Person haben. So kann durch eine gut gemeinte „Überversorgung" – welche die Eigenständigkeit des Versorgten außer Acht lässt – bei diesem das Gefühl aufkommen, fremdbestimmt zu werden. Die Abwehr dieser „Überversorgung" kann zu aggressiv erscheinenden Äußerungen des alten Menschen führen. Das Maß der Leistungsfähigkeit sollte also weder über-, noch unterbeansprucht werden; beides bringt die Autonomie des alten Menschen aus dem Gleichgewicht.

Albert Biesinger (60 Jahre) im Gespräch mit Gerhard Braun (86 Jahre)

Über die Veränderungen, die das Alter mit sich bringt, habe ich mich auch in einem Gespräch mit Gerhard Braun ausgetauscht.

Albert Biesinger: Wie hast du den Übergang der Pensionierung erlebt?

Gerhard Braun: Bei einer solchen Frage geht es ja nicht um punktuell zu bestimmende Abschnitte, sondern darum, dass das Ende des Berufslebens überleitet in den so genannten dritten Lebensabschnitt. Es gibt also sicherlich die Situation, wo der Betreffende sich loslösen muss oder losgelöst wird aus der sozialen Gebundenheit.

Albert Biesinger: Du wurdest losgelöst – oder du hast dich selbst losgelöst und warst froh, dass es vorbei war?

Gerhard Braun: Das Problem ist, dass mein Erlebnis in Bezug auf diese Zeit nicht verallgemeinerbar ist. Denn für mich war das Lösen eigentlich so gar nicht gegeben, weil persönliche Bindungen, Berufstätigkeit und Handeln selbstverständlich weitergeführt wurden. Das was Berufstätigkeit war, ist, wenn auch unter manch anderen Akzenten, keinem Bruch anheim gefallen. Sei es, dass man oft die Gelegenheit gehabt hat, sich künstlerisch oder im Schreiben zu verwirklichen. So ist dies beinahe nahtlos in diesen neuen Lebensabschnitt weitergeführt worden. Manche soziale Bindungen lösen sich auf. Schritt für Schritt wird man im dritten Alter abhängiger von seiner Umgebung.

Das Verhältnis zu den eigenen Kindern verändert sich.

Albert Biesinger: Die Kinder sind erst mal von den Eltern abhängig.

Gerhard Braun: Es ist wie bei den Tieren – ob eine Mutter ihr Junges annimmt oder nicht annimmt –, die Abhängigkeit ist in der ersten Zeit groß. Jetzt kommt es zur Umkehrung dieser Abhängigkeit.

Albert Biesinger: Dass du auf die Kinder angewiesen bist, dass sie dir die Unterstützung geben, die du ihnen früher gegeben hast. Und ist diese Abhängigkeit jetzt sehr mühsam oder muss man nicht einfach diese Hilfe annehmen, weil es gar nicht anders geht?

Gerhard Braun: Ja, vor allem ist es ein Umkehrungsprozess; ein Prozess ist nicht unbedingt immer an einem Punkt festzumachen, sondern verläuft Schritt für Schritt – vom Abnehmen der Abhängigkeit der Kinder zum Zunehmen der Abhängigkeit der Eltern von den Kindern.

Die Erfahrung, dass wir als Eltern damals unsere kleinen Kinder gefahren haben, heute aber darauf angewiesen sind, von ihnen gefahren zu werden, ist eine solche Umkehrung des Abhängigkeitsverhältnisses. Aber ein anderes Beispiel: Eltern legen ihre Kleinkinder trocken. Wenn jetzt die erwachsenen Kinder die hilfsbedürftige Mutter so versorgen müssen, ist das eine radikale Umkehrung, sowohl für die gebrechlich gewordenen Eltern als auch für die inzwischen erwachsenen Kinder.

Es ist wichtig, eine akzeptierende Einstellung zu entwickeln, um weniger darunter zu leiden. Es geht um einen Prozess der inneren Annahme eigener Hilfsbedürftigkeit, aber auch der Annahme der erwachsenen Kinder, die Hilfsbedürftigkeit der früher doch so starken Eltern ebenfalls innerlich anzunehmen.

Wenn Eltern verwirrt sind, ist das für die Kinder eine große und spezielle Herausforderung, die innerlich anzunehmen ist, um sie liebevoll begleiten zu können.

Diesen Prozess der Hilfsbedürftigkeit und der eigenen Abhängigkeit im dritten Alter Schritt für Schritt zu akzeptieren gehört essentiell zur Spiritualität des Alterns.

Hilfsbedürftigkeit und Tod nicht verdrängen

Ein realistischer Blick auf das Alter und die Zukunft – dazu gehört zwingend auch die Auseinandersetzung mit neuen Grenzen, mit Hilfsbedürftigkeit und der Endlichkeit des Lebens.

Den Gefühlen von Sinnlosigkeit und Angst nicht ausweichen

In jedem Alter können wir die Erfahrung machen, unser Leben als sinnlos zu empfinden. Der Züricher Philosoph Heinrich Lübbe hat in seiner Theorie, dass wir Menschen immer auch Grenzerfahrungen machen müssen, auf den Umgang mit Sinnlosigkeitserfahrungen aufmerksam gemacht.

„Sinnlos" ist etwas für uns dann, wenn wir nicht mehr wissen, was zu tun ist, wenn dieser Fall eintritt oder eingetreten ist. In der Regel wissen wir, was zu tun ist, wenn wir an einer Grippe erkrankt sind, den Fuß gebrochen haben, ein Verkehrsunfall mit Blechschaden entstanden ist. Oder wir wissen, dass wir uns ökologisch umzustellen haben. Uns ist bekannt, was zu tun ist, oder zumindest, was zu tun wäre.

Ich bin im dritten Alter – weiß ich, was in diesem Fall zu tun ist?

Die Tatsache, dass die einen Menschen mit dieser Situation gut und die anderen so gar nicht zurechtkommen, dass die einen geradezu aufblühen, während die anderen in einem Sumpf von Sinnlosigkeit versinken, ist genauer zu betrachten. Offensichtlich handelt es sich ja nicht um eine Situation, der ich hilflos ausgeliefert wäre.

Ich weiß, dass meine körperlichen Kräfte sich verändern, und ich kann mich darauf einstellen.

Ich weiß, dass ich aus meinem Beruf aussteige, und kann mich darauf einstellen.

Ich weiß also, was zu tun ist, wenn dieser Fall eintritt oder eingetreten ist. Wenn ich das nicht weiß, dann bleibt mir nichts anderes übrig als in Erfahrung zu bringen, was ich in dieser Situation zu tun habe. Meist kann ich sie von meiner Seite aus mitgestalten, kann Veränderungen herbeiführen und mich von früheren Vorstellungen trennen, die mich wie schwerer Ballast niederdrücken, kann mehr nach vorne schauen als rückwärts.

Gerade in den Erlebnissen von Sinnlosigkeit kann, notgedrungen, Neues entstehen. Das Überraschende kann dann entstehen, wenn ich selbst nicht mehr weiter weiß.

Nicht mehr weiter zu wissen ist ein Weg der Selbsterkenntnis und der Veränderung. Nie gibt es Situationen, in denen die Handlungsmöglichkeiten total eingeschränkt werden. Im heftigsten Ernstfall, bei einer todbringenden Krankheit, bleibt zwar nur noch das Sterben übrig; dieses ist dann der Punkt, auf den alles hinläuft. Er markiert aber nicht das Ende, sondern einen Beginn, wenn ich mich auf die Verwandlungstat Gottes im Tod einzulassen bereit bin – wenn ich unser Leben hier als „Schwangerschaft" für das ewige Leben verstehe.

Zum Klagen reicht's nicht

Mein früherer Religionslehrer, ein für mich überzeugender Priester, hat mir auf meine Frage, wie es ihm gehe, manchmal geantwortet: „Zum Klagen reicht's nicht." Das Gefühl, sich schwach und schlecht zu fühlen, gehört ebenso zum Leben wie das Gefühl von Freude, von Kraft und von Optimismus; dies zu sagen ist banal. Wir Menschen sind zu großer Freude, wir sind auch zu leidverstrickten Tränen fähig. Dies ist nicht nur ein Teil unseres psychischen Seelenhaushalts, sondern insgesamt ein Zeichen unserer menschlichen Befindlichkeit.

Daher besteht mein Leben nicht nur aus Klage, sondern ist auch ein Leben voller Freude. Ich bin froh, ein sinnerfülltes Leben führen zu können, und meinen Eltern dankbar, dass sie mich in diese Welt geholt haben.

Aber manchmal gibt es eben tatsächlich leidvolle Situationen, in denen es nur noch möglich ist, laut oder still zu klagen. Bereits im Alten Testament ist Klagen eine wohlbekannte Gebetsweise. Wir finden in den Psalmen nicht nur Loblieder, wir finden auch Klagelieder. Oft sogar direkt nebeneinander: Der eine Psalm „Mein Gott, mein Gott, warum hast Du mich verlassen" (Psalm 22) – der darauf folgende Psalm „Der Herr ist mein Hirte, nichts wird mir fehlen, er lässt mich lagern auf grünen Auen" (Psalm 23).

Für viele Menschen ist es aus Pietätsgründen nicht möglich, Gott zu klagen. Die Bibel belehrt uns jedoch eines anderen: Wer in der Lage ist, Gott zu klagen, befindet sich immer (noch) in der Gottesbeziehung. Wer Gott klagt, bleibt in dieser Beziehung mit Gott.

Ich selbst klage Gott oft. Als Notfallseelsorger komme ich regelmäßig in Extremsituationen. Etwa dann, wenn ich durch meinen Piepser alarmiert zu einer Familie gerufen werde, bei der die 26-jährige Tochter nachts auf dem Heimweg von der Disco tödlich verunglückt ist. Dies ist so ein Moment, in dem ich mich Gott anvertraue. Und das ist das Allerbeste, was ich tun kann. Auf dem Weg vertraue ich Gott die Menschen an, denen ich gleich in ihrer verzweifelten Situation begegnen werde. Solche Situationen sind so dramatisch, dass man entweder den Glauben an Gott komplett verliert – oder aber diese Situation ganz bewusst in der Gottesbeziehung gemeinsam mit den Menschen auszuhalten versucht und Gott klagt. Schon oft habe ich Gott direkt gesagt: „Warum lässt du denn diesen Unsinn zu?" Oder: „Hättest du diese deine Schöpfung nicht anders gestalten können? Dass so viel Leid, von Menschen selbst produziertes Leid, aber auch Leid der Schöpfung und des Sterbenmüssens, verhindert worden wäre?" Mehr als klagen kann ich nicht. Das werde ich wohl auch weiterhin tun müssen.

Auf meinem Schulweg bin ich als Kind oft an unserer Kirche vorbeigekommen, wo an einer Ecke eine Darstellung Jesus am Ölberg mit den schlafenden Aposteln zeigt. Manchmal stand ich als Kind davor und konnte nicht verstehen, dass Jesus so leiden muss. Ebenso wenig verstand ich, dass seine Freunde nicht in der Lage waren, mit ihm eine Stunde zu wachen und ihn zu begleiten und zu schützen.

Über diese Kindheitserfahrung bin ich heute froh: Wenn es selbst Jesus, dem aus der göttlichen Welt gekommenen Sohn Gottes als Mensch so gegangen ist, dass er solches Leid ertragen musste bis er selbst geschrien hat: „Mein Gott, mein Gott, warum hast du mich verlassen?" – Warum soll es dann mir und uns Menschen anders gehen?

Jesus hat geweint als sein Freund Lazarus gestorben ist. Jesus hat geweint ...

Warum also sollen mir diese Erfahrungen des Weinens und der Trauer, der Verzweiflung und der Angst erspart bleiben? Bin ich denn nicht auch ein Mensch, zu dem dies einfach dazugehört?

Durchlässig zur göttlichen Welt

Wenn Gott unser Schöpfer ist, dann haben wir einen göttlichen Funken in uns. Dann hat er uns etwas von sich selbst mit in dieses Leben gegeben – in das Leben in der materiellen Welt mit all ihren Gefährdungen, Leidsituationen und

Zusammenbrüchen, aber auch mit ihren Ekstasen und Visionen. Wir sind nicht „Geworfene im Weltall", sondern vielmehr sein Ebenbild. „Gott schuf also den Menschen als sein Abbild; als Abbild Gottes schuf er ihn. Als Mann und Frau schuf er sie." (Genesis 1,27)

Die Durchlässigkeit zu unserer Herkunft birgt gleichzeitig auch die beglückende Erfahrung, nicht von Gott abgespalten, getrennt und allein gelassen zu sein – und die uns hier gegebenen Jahrzehnte auf dieser relativ kleinen Erdkugel nicht von ihm losgelöst leben zu müssen. Diese Verbundenheit und Treue wird uns in so vielfältigen Situationen bewusst.

Leben aus Gottes Kraft als spiritueller Weg

Kraft-Gottes-Spiritualität ist, wenn Eltern ihrem sechs Wochen alten Kind auf der Intensivstation des Klinikums Tübingen vor seinem Tod noch einmal im Klinikgarten die Erde und den Himmel zeigen. Das Kind ist an medizinische Geräte angeschlossen, ein Arzt geht diese Stunde mit den Eltern mit. Sie erzählen ihrem Kind von ihrem Leben auf der Erde, wie sie ihm zu Hause schon vor der Geburt sein Zimmer hergerichtet haben. Dass Oma und Opa auch schon lange warten. Sie zeigen ihm den „Himmel" und was sie dort von ihrem Kind erhoffen. Spiritualität nicht aus dem Lehrbuch …

Kraft-Gottes-Spiritualität ist, wenn die Hebammen die totgeborene Johanna der Mutter in einem weißen Kleid in die Arme legen und den Vater anrufen, er solle mit ihren älteren Brüdern in die Klinik kommen. In ruhiger Atmosphäre nehmen die beiden vier- und sechsjährigen Buben ihre tote Schwester auf den Arm, streicheln ihr über den

Kopf und machen ihr ein Kreuzzeichen auf die kalte Stirn. Eine spirituelle Handlung, die man nicht aus Büchern lernt.

Kraft-Gottes-Spiritualität ist, wenn der erwachsene Enkel Silvester mit den gebrechlichen Großeltern feiert. Wenn er die Zerstreutheit und Phantasien seiner Oma, die früher doch eine so starke Frau war, wahrnimmt und annimmt.

Kraft-Gottes-Spiritualität ist, wenn die 18-Jährige nicht bereit ist, in die längst gebuchten Ferien abzufliegen, ohne ihre an 14 Überlebensschläuchen hängende krebskranke Freundin auf der Intensivstation zu besuchen. Sie lässt sich auf der Station nicht abwimmeln, nähert sich zaghaft dem Intensivbett. Die Krankenschwester lässt die beiden rücksichtsvoll allein. Beide wissen sie nicht, ob sie sich möglicherweise zum letzten Mal auf dieser Erde sehen – eine spirituelle Begegnung, die viel über die ach so orientierungslose heutige Jugend und ihren Egoismus aussagt ...

Kraft-Gottes-Spiritualität ist, wenn 5000 Jugendliche beim ökumenischen Kirchentag in Berlin nicht nur im Tempodrom, sondern auch auf den umliegenden Straßen sitzend meditative Gesänge und Psalmen singen. Langes Schweigen entsteht, knappe biblische Texte werden gelesen.

Kraft-Gottes-Spiritualität ist, wenn sich Menschen, auf ihrem Meditationshocker sitzend, schweigend und wunschlos der Gegenwart Gottes stellen.

Kraft-Gottes Spiritualität ist, wenn Mönche auf dem Berg Athos morgens um drei Uhr „Kyrie eleison" singen, mitunter auch aufschreiend zu Gott am Beginn des neuen Tages.

Kraft-Gottes-Spiritualität ist, wenn die Krankenschwester im Altenheim aufbegehrt, weil die dort lebenden Menschen an Ostern zum Nachmittagskaffee nur noch Schwarzbrot bekommen, weil man für ein Stück Kuchen kein Geld mehr habe. Wenn sie dagegen ankämpft, dass alten Menschen, die ihre Notdurft nicht mehr alleine verrichten können, in der Mittagspause einfach eine Windel umgewickelt wird, weil man keine Zeit habe, mit ihnen auf die Toilette zu gehen.

Kraft-Gottes-Spiritualität ist, wenn eine Familie ein behindertes Kind als Pflegekind in ihren Kreis aufnimmt und es bis in das Erwachsenenalter hinein mit allen Höhen und Tiefen begleitet.

Kraft-Gottes-Spiritualität ist, wenn die junge Referendarin morgens auf dem Weg zur Schule ihre Schülerinnen und Schüler Gott anvertraut, dass er selbst in ihnen, im Abenteuer ihres Lebens wirken möge.

Kraft-Gottes-Spiritualität ist, wenn Katholikinnen und Katholiken zwischen der aktuellen Kirche und dem Reich Gottes selbst unterscheiden und die sich daraus ergebende Spannung konstruktiv-kritisch aushalten.

Kraft-Gottes-Spiritualität ist, wenn ein Priester sein Leitungsamt so ausübt, dass möglichst viele Mitarbeiterinnen und Mitarbeiter – hauptberufliche ebenso wie ehrenamtliche – weiter wachsen und Schritt für Schritt immer mehr Verantwortung übernehmen können, die Freude macht.

Kraft-Gottes-Spiritualität ist, wenn die Missionarin Cristy Orzechowski in Peru mit ihren Indigena-Gemeinden am Titicacasee eine biblisch orientierte, basisnahe Kirche aufzubauen versucht.

Kraft-Gottes-Spiritualität ist, wenn Menschen in komplizierten Konfliktsituationen nach friedlichen Lösungen suchen.

Ich bin mehr als mein Körper – Wie ich mir das Leben nach dem Tod vorstelle

Das Christentum ist in der detaillierten Schilderung des Lebens nach dem Tod sehr karg. Es beschreibt das Himmelreich als Nähe zu Gott. Es ist gut, wenn wir uns nicht auf zu konkrete Bilder, vor allem nicht auf Phantasiebilder einlassen.

Die Bilder, die Jesus verwendet, können uns aber eine Hilfe sein. Er verwendet Bilder, wenn er vom „großen Gastmahl" oder vom „letzten Gericht" spricht, wenn er den „Tun-Ergehens-Zusammenhang" – wie man tut, so ergeht es einem – von uns Menschen thematisiert: „Ich war krank und ihr habt mich nicht besucht. Ich war hungrig und ihr habt mir nichts zu essen gegeben", deswegen werden die Angesprochenen „die ewige Strafe erhalten" (vgl. Matthäus 25,42ff).

Wir wissen nicht, wie wir nach dem Tode leben werden. Wir glauben aber aufgrund der Erlösungszusagen Gottes, dass sein Hineintauchen in diese materielle Welt und sein Sterben am Kreuz seine wirkmächtige Botschaft sind, dass wir mit Jesus von Nazareth aus dem Tod zu einer neuen

Existenz auferweckt werden. Wir können über-
zeugt sein, dass Gott genauso an uns handeln
wird, wie er auch an seinem Sohn gehandelt hat.
Hierbei ist nicht von Wiedergeburt die Rede, sondern vielmehr von einer Neugeburt – wie Paulus es
später formulieren wird.

Dass ich mehr bin als mein Körper, ist die ei-
gentliche Entscheidung in der Interpretation meiner Existenz. Wie und wohin Gott mich retten
wird, ist ausschließlich seine Sache.

Wenn ich aber daran glauben kann, dass ich
über den Tod hinaus existiere, dann muss ich
mich diesem Loslösungsprozess aus diesem meinem Körper auf der Erde positiv stellen. Es ist ja
gar nicht möglich, in diesem Körper, mit dem ich
jetzt auf dieser Erde bin und handle, mit dem ich
mit anderen Menschen in Kontakt trete, in dem
ich mein Selbst wahrnehme und realisiere, ewig
zu leben. Ich muss also meinen Körper hinter mir
lassen. Gott wird mich dazu rufen.

Die Formulierung „ich werde meinen Körper verlassen" ist möglicherweise in buddhistischer Sicht
anders zu verstehen, als wenn ich als Christ damit
ausdrücke: „Ich werde und ich will zu Gott gehen,
mit ihm mitgehen, wenn Er mich rufen wird."

Gott beruft mich über die Todesgrenze hinaus
in jene Zukunft, die mehr als eine zeitlich versteh-

bare Zukunft ist: Gott ist die Zukunft meiner Zukunft. Er gibt meiner Zukunft überhaupt eine Zukunft.

Vorausblicken, Vorsorgen – Patientenverfügung

Oft genug habe ich es als Notfallseelsorger erlebt: Eine Situation, in der Menschen selbst nicht mehr handlungsfähig sind, kann jeden auch in jungen Jahren treffen. Es ist naiv, den Tod zu verdrängen, gerade im dritten Alter. Die Wahrscheinlichkeit, in dieser Lebensphase zu sterben, ist höher als zwischen zwanzig und dreißig Jahren. Wer es mit seinen Angehörigen gut meint, macht rechtzeitig sein Testament. Dieses sollte so eindeutig sein, dass es hinterher nicht zu sinnlosen und zermürbenden Familienstreitigkeiten kommt. Hierbei gibt es Regeln und formale Vorgaben, die eingehalten werden sollten, deshalb ist bei der Abfassung die Unterstützung durch einen Notar sinnvoll. Nicht zuletzt aus einem Grund: Es dürfte wenig Freude machen, aus der anderen Seite des Lebens – vom Himmel aus – zuschauen zu müssen, wie die Erben sich zerstreiten.

Darüber hinaus erlässt jeder, der seine Angehörigen in den für sie schließlich ja auch sehr belastenden Situationen unterstützen möchte, eine umfassende Patientenverfügung. Es würde den Rahmen dieses Buches überanspruchen, die Vor- und Nachteile von verschiedenen Formulierungen übersichtlich darzustellen. Deshalb finden Sie im Anhang Adressen und Kontaktmöglichkeiten, die Ihnen eine Hilfe sein können.

Man stirbt nicht allein

Sterben wie ein einsamer Wolf ist nicht mein Ziel. Allerdings: In meinem Sterben bin ich nicht vertretbar.

Ich habe Menschen sterben sehen, die ihre Familie und Freunde innerhalb von wenigen Tagen noch einmal um sich versammelt und ihrerseits die Familie getröstet haben: Macht euch um mich keine Sorgen. Ich weiß wohin ich gehe.

Auch Sterben ist kulturell geprägt. Dass in unserer Gesellschaft alleinstehende Menschen vereinsamt in ihrer Wohnung sterben, ohne dass dies ihrer Umgebung auffällt, kommt zwar vor, ist aber keineswegs die Regel. Der kulturelle Untergang, der bisweilen mit Blick auf unsere Gesellschaft diagnostiziert wird, ist eine Übertreibung.

Wer zurückbleibt, trauert auch für sich. Niemand kann uns das Trauern um einen geliebten Menschen abnehmen. Wir trauern umso mehr, je mehr wir einem Menschen nahestanden und seine Liebe gespürt, ihn geliebt haben.

Aus der Tiefe

Aus der Tiefe, o Herr, ruf ich zu dir:
Höre, o Herr, meine Stimme!
Möge achten dein Ohr
auf mein flehendes Rufen!
Wolltest du, Herr, der Sünde immer gedenken:
Herr, wer könnte bestehen?
Doch bei dir ist Vergebung der Sünden,
auf dass man in Ehrfurcht dir diene.
Ich hoffe auf den Herrn,
es hofft meine Seele,
ich warte auf sein Wort.
Meine Seele erwartet den Herrn,
mehr als der Wächter das Morgenrot.
Ja, mehr als der Wächter das Morgenrot
erwartet Israel seinen Herrn!
Denn beim Herrn ist Erbarmen,
bei ihm ist reiche Erlösung.
Ja, er wird Israel erlösen
von all seiner Missetat.

Psalm 130

Der gute Hirt

Der Herr ist mein Hirte, ich leide nicht Not;
auf grünender Weide lässt er mich lagern.
Er führt mich an Wasser der Ruhe,
Erquickung spendet er meiner Seele.
Er leitet mich auf dem rechten Pfad,
getreu seinem Namen.
Und muss ich auch wandern im finsteren Tal,
ich fürchte kein Unheil, denn du bist bei mir.
Dein Stock und dein Hirtenstab,
die geben mir Zuversicht.
Du hast einen Tisch mir bereitet
vor den Augen der Feinde.
Du salbtest mein Haupt mit Öl,
mein Becher ist gefüllt bis zum Rand.
Es geleiten mich deine Gnade und Huld
durch alle Tag des Lebens.
Und wohnen darf ich im Hause des Herrn
solange ich lebe.

Psalm 23

Ich schaue zurück

Gott,
mein Gott,
wie kurz gemessen
war die Zeitspanne
von meiner Kindheit
bis zum Altwerden!

Wie nahe zusammengerückt
sind die Jahre meines Lebens
in meiner Erinnerung!
Mir ist,
als hätte ich alles durchmessen,
was Menschendasein ausmacht:
Freude und Leid,
Hoffnung und Verzweiflung,
Geborgenheit und Verlassenheit,
Sinnerhelltes und Unbegreifliches,
Angst und Vertrauen.

Was bleibt,
wenn ich alles überschaue,
ist die Dankbarkeit für alles Schöne,
für alles, was gelang,
aber auch Ungeheiltes,
Bestürzung über manches Versagen.

Doch wie die Abendsonne
alles in ihr mildes Licht taucht,
so legt sich über das Gewesene
der tröstende Glanz
deines Friedens.

Antje S. Naegeli

IV. Zukunft leben –
Gott entgegenzweifeln

Gott – mehr als eine Wunschvorstellung

Wir Menschen sind in der Lage, über uns selbst hinaus zu fragen und die Bedingung der Möglichkeit zu denken, warum es uns überhaupt gibt. Wir können die Zukunft unserer Zukunft denken.

Aber wir haben auch die Möglichkeit der „Selbstbescheidung" – diesen Begriff verdanke ich dem Tübinger Theologen Max Seckler –, wir nehmen das zur Kenntnis, was wir mit unseren Augen und Ohren sehen und hören, mit unseren jetzigen empirischen Möglichkeiten ertasten, erspüren, fühlen können. Dieses Konzept der Selbstbescheidung hat zunächst einige Vorteile: Es lässt sich real überprüfen – was ist, wie es ist, wofür es ist. Allerdings kommen wir damit nicht über das durch unsere Sinne Wahrnehmbare hinaus.

Hätte vor 300 Jahren etwa jemand naturwissenschaftlich behauptet, „es gibt keine Gene", dann konnte er es zwar noch nicht besser wissen; er wäre aber seiner empirisch-wahrnehmbaren Methode, das Leben und die Wirklichkeit zu interpretieren, aufgesessen. Die Tatsache, dass ich etwas nicht sehen, hören, riechen, bedenken oder berechnen kann, ist noch kein abschließendes Argument dafür, dass es dieses nicht gibt oder gar nicht geben kann.

Selbstverständlich darf man dieses Argument nicht überziehen – man könnte dann ja auch alles Mögliche, Unsinnige erfinden und denken, was nur der Phantasie und den Wunschvorstellungen der konkreten Menschen entspricht. Die Tatsache, dass ich etwas nicht sehe, ist aber auch nicht von vorne herein ein Argument dafür, dass es nicht existiert.

In seiner Religionskritik hat der Philosoph Ludwig Feuerbach betont, dass Gott nur eine Einbildung des Menschen sei, also die Menschen selbst sich Gott wünschten, weil sie so mit ihrer konkreten Situation von Gebrechlichkeit, Endlichkeit, Schmerz, Krankheit und Tod besser zurechtkämen.

Gott als Erfindung, um einen letzten Halt zu haben? – Auch dieses Argument ist kritisch zu hinterfragen: Allein die Tatsache, dass ich mir etwas wünsche, ist noch kein Argument dafür, dass es dieses nicht gibt. Denn wenn sich etwa jemand wünscht, endlich den richtigen Partner oder fürs Leben zu finden, dann ist die Tatsache des Wünschens noch kein Argument für oder gegen das tatsächliche Vorhandensein. Möglicherweise sind sich die beiden ja nur noch nicht begegnet.

Ähnlich kann es uns auch mit Gott gehen. Unser Wunsch, dass Gott uns rettet, ist kein Beleg dafür, dass uns Gott nicht rettet oder dass es ihn nicht gibt.

„Vielleicht ist alles anders?" Dies ist nicht nur eine abstrakte Frage des Philosophen Joseph Möller, der sie 1962 aufgeworfen hat. Viele Menschen mit jahrzehntelangem Überblick zweifeln. Vielleicht kommt es ganz anders als gedacht.

- Eine 58-jährige Frau verliert ihren Mann durch eine nicht aufzuhaltende Krebserkrankung. Die Jahre des Leidens führen sie an bisher unvorstellbare Grenzen: Wo ist er jetzt? Warum musste er so früh gehen? Warum gerade ich? Es bohrt in langen, schlaflosen Nächten. Aller Glaube gerät ins Wanken.

- Beim Einkaufen treffe ich einen 65-jährigen Mann, er ist gesundheitlich fit und beginnt mit seiner Frau eine Weltreise: „Noch einmal die Welt sehen, solange wir können. Die Zeit wird knapp. Man muss nicht sehr intelligent sein, um zu wissen, dass die Jahre gezählt sind. Früher konnte ich völlig unkompliziert daran glauben, dass das Leben bei Gott weitergeht, heute bekomme ich oft Zweifel. Schon mehrfach habe ich an Gräbern Gleichaltriger gestanden. Wie soll ich mir denn vorstellen, wo sie sind und wie sie sind?"

Mit 20 Jahren stellt sich die Frage nach dem Weiterleben nach dem Tod in der Regel anders als mit 60, 70 oder 80 Jahren. Den Veränderungen der eigenen Glaubensverständnisse in dieser Lebensphase, den eigenen Zweifeln auszuweichen ist wenig hilfreich.

Mehr als die „schönen früheren Jahre" zu betrauern hilft es, die eigene Endlichkeit und das Nachlassen der Kräfte innerlich anzunehmen – und nach vorne zu leben.

Angesagt ist, tiefer zu bohren und der Geheimnishaftigkeit des jetzt zu lebenden Lebens auf die Spur zu kommen. Der von der Bertelsmann Stiftung als interdisziplinäre und interreligiöse Studie durchgeführte „Religionsmonitor 2008" zeigt eindeutig, dass Menschen über 60 im Vergleich zu jungen Erwachsenen nur halb so häufig an ein Leben nach dem Tod glauben: Während bei den 18- bis 19-Jährigen nur 19 Prozent definitiv verneinen, an ein Leben nach dem Tod zu glauben, sind es bei den über 60-Jährigen 37 Prozent. Nur 24 Prozent der Senioren glauben der Studie zufolge fest an ein Leben nach dem Tod.

Diese Befragung erbringt weitere, auf den ersten Blick überraschende Ergebnisse; so ist der Anteil der Hochreligiösen unter den über 60-Jährigen mit 34 Prozent deutlich geringer als bei den 18- bis 29-Jährigen (41 Prozent). Die Rand- und nominellen Kirchenmitglieder sind auch in dieser Altersgruppe in der Mehrzahl (68 Prozent). Folglich ist die scheinbare Tatsache „Je älter, desto frömmer" in Frage zu stellen.

Andererseits zeigt der Religionsmonitor auch, dass die über 60-Jährigen häufiger als die Jugendlichen und die Bevölkerungsgesamtheit in die Kirche gehen und öfter beten. Ein größerer Anteil macht die Erfahrung, dass Gott in das Leben eingreift, und ältere Menschen geben eher an, dass sich ihre Religiosität auch auf ihren Umgang mit Natur, Krankheit, kritischen Lebensereignissen, Kindererziehung, ihre Partnerschaft, Freizeit, Arbeit und politische Einstellung auswirkt. Sie denken außerdem vermehrt über religiöse Themen nach. In dieser Hinsicht scheinen Senioren durchaus religiöser als die Jüngeren.

Insgesamt wird also deutlich, dass die Religiosität von Senioren differenziert betrachtet werden muss. Als Erklärung für dieses Bild einerseits eindeutiger, andererseits aber auch widersprüchlicher Befunde bietet der Theologe Michael Ebertz das religionssoziologische „Ansteckungsmodell": In der modernen pluralistischen Gesellschaft würden demzufolge die religiösen Grundüberzeugungen in ihrer Plausibilität geschwächt. Diese Schwächung äußere sich jedoch nicht sofort in einer radikalen Verhaltensänderung, sondern vor allem in einem Zuwachs an Glaubenszweifeln. Menschen über 60 zweifeln dann an Glaubensinhalten, geben aber die Rituale und Traditionen, mit denen sie bisher gelebt haben, nicht so schnell auf.

Leben – Geschenk von Anfang an

Niemand hat uns gefragt, ob wir ins Leben kommen wollen; auch unsere Eltern wurden nicht gefragt. Kein Mensch wird gefragt, ob er ins Leben kommen will oder nicht. Es gehört zum Geheimnis der menschlichen Existenz: Der Anfang unseres Lebens ist Geschenk pur.

Wir haben die Chance bekommen, geboren zu werden. Mehr als oft wird über das Leben von Menschen verfügt, indem sie schon während der Schwangerschaft getötet werden und erst gar nicht ins Leben kommen dürfen.

Die Situation, ins Leben geholt zu werden, kann man als eine Laune der Natur, als Ergebnis einer vielleicht zufälligen sexuellen Begegnung, als Resultat einer großen Liebe oder eines intensiven Kinderwunsches unserer Eltern verstehen. Logisch: Wir kommen durch Zeugung ins Leben.

Christlich interpretiert geht es aber um mehr: Ich komme deswegen ins Leben, weil Gott das wollte. Ist Gott mein Schöpfer, dann hat er mir etwas von sich selbst mit ins Leben gegeben. Dieser

„göttliche Funke" – man mag dafür den Begriff „Seele" wählen – ist die Geistbegabung, die Gott in uns hineingestiftet hat. Sie wird nie untergehen. Ich bin mehr als mein Körper. Gott selbst ist die Herkunft meiner Herkunft. Darin gründet die letzte Bedeutung und Würde von uns Menschen.

Dass Gott Mensch wird, gibt uns Menschen eine spezielle Würde und die Vision, zu Gott zu gehören. Gott ist dann nicht nur die Herkunft meiner Herkunft, Gott gibt meiner Zukunft eine Zukunft über den Tod hinaus – ich gehöre zum „Be-Reich" Gottes.

Da ich mehr bin als mein Körper, kann ich über den Tod hinaus weiterexistieren. Damit wird jedoch mein Körper, der in den Jahren des Alterns an Kraft verliert, nicht abgewertet. Mein Leib ist in dieser materiellen Welt Wohnung meiner Existenz. Eines Tages werde ich nicht mehr in diesem Leib, sondern durch göttliche Kraft und Zusage in anderer Qualität mit ihm in Beziehung sein.

Die große Aussage von Weihnachten ist, dass Gott in die materielle Welt kommt und das Leben von uns Menschen mit allem Auf und Ab, mit Freude und Leid, Angst und Trauer bis in den Tod durchlebt. Jesus von Nazareth hat das Tor zur göttlichen Welt geöffnet, Gott nimmt an unserem Leben mit all seinen Dimensionen teil.

Wenn wir uns auf diese Lebensvision einlassen, bergen die Jahre des Älterwerdens die Chance zur Öffnung und Reifung auf dieses zukünftige Geheimnis unseres Lebens hin.

Auch hier gilt: Spirituell ist es sinnvoll, das Vergangene stehen zu lassen, Gott das erlebte Leben anzuvertrauen und, in diesem Vertrauen verwurzelt, den Blick nach vorne zu lenken. Mit neugierigen Augen und großer Sehnsucht über die Todesgrenze hinaus.

Unser Leben ist Gabe von Gott her – eines Tages aber werden wir unser Leben Gott wieder zurückgeben. Krankheit, Unfall, oder Alterungsprozesse bringen unseren Körper so weit, dass er stirbt. Bevor ich mir mein Leben aus der Hand reißen lasse, vertraue ich es Gott an, der es mir geschenkt hat.

„Du Papa, warum kommt man überhaupt in die Welt, wenn man eh wieder sterben muss?"

Die elementare Frage unseres damals 13-jährigen Sohnes Benjamin angesichts des Todes meines Vaters ist die Preisfrage unserer Existenz. Sie ist tiefgreifend und umfassend. Man kann sie in den philosophischen Fragehorizont hineinstellen und damit ein Grundrätsel des Menschen aufgreifen: „Warum ist überhaupt etwas und nicht vielmehr nichts?"

Es geht um unser Leben im größeren Horizont. Warum bin ich gerade in einer solchen genetischen Konstellation von diesen konkreten Eltern, in diesem konkreten Jahr, in dieser Region, in dieser Zeitleiste gezeugt worden? Ich bin nicht in den Hochanden Perus oder in China geboren, wo ich vielleicht gar nicht überlebt hätte. Ich bin nach dem Zweiten Weltkrieg geboren, habe also manches von dem, was meine Vorfahren mitmachen mussten, nicht selbst erleben müssen. Ich kenne keinen Hunger, habe sauberes Trinkwasser und kann in vielen Bereichen selbst entscheiden. Ich bin gesund geboren worden – was ebenfalls keine

Selbstverständlichkeit ist. Manche wurden mit einer Behinderung geboren, und ihr Leben steht unter der Frage: „Warum gerade ich?"

Über mein Leben am Anfang kann ich nicht verfügen, ich bin auf das angewiesen, was mir mitgegeben wurde und wird. Erst sehr viel später kann ich intensiver mein Leben selbst in die Hand nehmen und bin in der Lage, mich zu mir selbst und zu meiner Umwelt zu verhalten. Ganz werde ich aber nie über mein Leben verfügen können.

Die Entwicklung meiner persönlichen Identität verläuft nicht unabhängig von dem, wie die Gesellschaft mit ihren Werten und sozialen Vorgaben auf mich einwirkt, mich beschädigt oder aufbaut. Das von grauenvoller Ideologie geprägte System der Nationalsozialisten hat Millionen Menschen in Lagern interniert, sie psychisch und physisch vernichtet. Dagegen hat ein gesellschaftliches Sinnsystem wie das heutige nach dem Zweiten Weltkrieg vielen Menschen Chancen zur Weiterentwicklung, zum Neuanfang und zu einem Leben in Würde gegeben – war jedoch auch immer anfällig für Ungerechtigkeiten und mangelnde Sensibilität gegenüber den Armen, Schwachen und Ausgegrenzten der Gesellschaft.

Auf die Frage, warum man auf die Welt kommt, wenn man sowieso wieder sterben muss, geben uns die Zusagen Gottes eine klare Antwort: Die christlich-jüdische Sicht stellt uns nicht als völlig von Gott unabhängige Existenzen vor. Vielmehr dürfen wir uns des Bundes zwischen Gott und seiner Schöpfung sicher sein. Meine Auffassung für das Leben fußt, aufgrund der großen Visionen des christlichen Weges, auf der Überzeugung der „Inexistenz" in Gott. Wir kommen in diese Welt, weil Gott es will; weil er uns in dieser Zeitschiene, in der wir in diese Welt kommen und wieder aus ihr weggehen, vorgesehen und uns eine Aufgabe gegeben hat. Wir sind also bereits in der Gottesbeziehung. Wir müssen nicht an Gott herumzerren, damit er uns liebt. Indem er unser Schöpfer ist, hat er uns bereits einen Funken von sich selbst mitgegeben. Denkerisch können wir dies mit dem Begriff „Seele" ausdrücken. Wir sind mehr als unser materieller Körper, der eines Tages vergehen wird, der bereits jetzt im Prozess des Alterns und des „Seins zum Tode" ist (Martin Heidegger). Die Botschaft, dass ich mehr als mein Körper bin, wird in der Menschwerdung Gottes, im Kind von Betlehem zum tiefgreifenden Geheimnis. Gott selbst kommuniziert als Mensch mit der Menschheit quasi „auf Augenhöhe" ihr Alltagsleben, ihr Leid, ihre Sehnsucht, ihre Gebrochenheit und nicht zuletzt die Todesangst und den Tod. Unser Sein wird aufgewertet.

Die Botschaft lautet: Ihr seid bereits mit einem Bein in der göttlichen Welt, weil Gott sich für euch öffnet und euch heimholt aus der Gefangenschaft des Todes, hinein in die ewige Existenz.

Wie sollen wir das denken? Der Dreh- und Angelpunkt ist, dass unsere materielle Welt mit ihrem riesigen, noch nicht einmal im Ansatz durchschaubaren Universum eine Dimension der Wirklichkeit eröffnet, die ganz offensichtlich nicht die einzige ist. In der Physik werden derzeit noch ganz andere Universen – etwa auf geistiger Ebene – diskutiert, wo wir keinen solchen materiellen Leib mit Fleisch und Blut brauchen, der unserem Geist in dieser Welt Wohnung ist. Paulus schreibt geradezu mystisch: „Euer Leib ist der Tempel des Heiligen Geistes, der in euch wohnt" (vgl. 1 Korinther 6,19).

Im Tod verlassen wir also unseren Körper und gehen, geleitet durch den gekreuzigten und auferweckten Christus, in das „Reich der Himmel" ein – wie es im Neuen Testament beschrieben wird. Ohne dieses große Ziel, dass Gott uns aus dem Tod rettet, ist das Christentum nicht Christentum. Die Christen sprechen zwar oft davon, wie schön es im Paradies ist. Aber keiner will dorthin …

Es ist eine andere Qualität von Älterwerden, wenn ich auf dieses große Ziel zugehe.

Die große Sehnsucht – Gott mit neuen Augen sehen

Rettung aus dem Tod ist die Tat Gottes, nicht meine eigene Leistung. Ich werde nicht mehr an die Grenzen meiner leiblichen Existenz gebunden sein.

Beeindruckende Erfahrungen haben mich zu dieser Erkenntnis gebracht:

- Ich stehe am Sterbebett eines Mannes, der mitten aus dem vollen Leben gerissen wird. Gott und Kirche sind für ihn ein Leben lang unwichtig gewesen. Er betet mit mir das Vaterunser – einige Stunden danach stirbt er.
- Die Mutter von vier erwachsenen Kindern kommt in die Sterbephase und erlebt dies ganz bewusst. Ihre Kinder und Enkelkinder sitzen erschüttert an ihrem Bett. Mit einem letzten Leuchten in ihren Augen sagt sie ihnen: „Macht euch um mich keine Sorgen. Ich weiß, wo ich hingehe."
- Andere Situationen kenne ich aber auch: das Aufbäumen bis zuletzt, das Nicht-Loslassen-

Können über Monate hinweg, das immer grö-
ßer werdende Leiden …

Keiner von uns weiß, wie er selbst diesen entschei-
denden Schritt nach vorne eines Tages oder
Nachts „erleben" wird. Umso wichtiger ist es, sich
diesem Geheimnis zu überlassen und es nicht
„enträtseln" zu wollen. Es geht nicht um Todes-
sondern um Lebenssehnsucht; allerdings um eine
Sehnsucht nach Leben, die über das Sterben
hinausreicht. Insofern habe ich keine Angst vor
den vor mir liegenden Jahren.

Oder *noch* keine Angst?

Der Moraltheologe Alfons Auer war mit 80
Jahren noch im Vollbesitz seiner körperlichen und
geistigen Kräfte und schrieb sein weit verbreitetes
Buch „Geglücktes Altern". Später sagte er mir bei
einem Besuch: „Vielleicht werde ich eines Tages
über dieses Buch sehr kritisch nachdenken, wenn
mich die Beschwerden, Schmerzen und das Nicht-
Mehr-Können einholen." Auch das gehört zum
realistischen Blick nach vorne. Sein Lebensmotto
war: „Optimismus aus Natur und Gnade."

Die große Verheißung

„Wozu sind wir auf Erden? – Wir sind auf Erden, um Gott zu erkennen, zu lieben, ihm zu dienen und einst ewig bei ihm zu leben."

Der katholische Katechismus der deutschen Bistümer, den meine Generation im Religionsunterricht teilweise auswendig gelernt hat, begann mit dieser ersten Frage und Antwort. Indem ich diese Antwort auswendig aufsagen konnte, habe ich mein erstes „Sehr gut" als Religionsnote bekommen. Wenn es immer so einfach wäre …

Und dennoch: Es ist eine große Verheißung, dass wir aus Gott kommen, von ihm umfasst und umhüllt mit anderen Menschen leben können und dieses Leben gleichzeitig wie eine „Schwangerschaft" für die ewige Existenz bei ihm ist. Dort ist alles Gegenwart. Unsere irdische Zeitwahrnehmung – Vergangenheit, Gegenwart, Zukunft – ist menschliche Wahrnehmung und an Raum und Zeit gebunden. Gott ist mehr als Raum und Zeit, aber er begegnet uns in Raum und Zeit, wendet sich uns zu. Er selbst ist auch in Raum und Zeit, konkret in unseren Biographien, wenn er Mensch wird.

Wir gehören bereits jetzt zur göttlichen Welt, weil wir aus Gott hervorgegangen sind, ein Ausdruck seiner Liebe. Wir leben in einer Liebesgeschichte mit Gott, die er begonnen hat und die er mit allen Höhen und Tiefen durchhält.

Es geht um unsere Antwort auf das Wort Gottes. „Volk Gottes" zu sein bedeutet, diese Mitteilung Gottes anzunehmen und eine Antwort darauf zu geben. Insofern ist die Kirche als „Volk Gottes" nicht schon das Reich Gottes. Sie ist „Zeichen des Heiles" und damit Zeichen für das Reich Gottes.

Es ist eine herausragende Aufgabe der Kirche, für dieses Reich Gottes als dem Reich der Gerechtigkeit, des Friedens und der Liebe einzutreten. Dabei macht sie manchmal mehr, manchmal weniger Fehler. Sie ist immer auch eine Kirche der Sünder, weil wir alle in dieser Kirche immer auch Sünder sind, denen das Heil und Bekehrung immer wieder neu zugesagt werden muss.

Kirche als Zeichen des Heils habe ich erlebt in den Zusagen, die sie mir bereits bei meiner Taufe gegeben hat:

- Ich überreiche dir dieses Licht, es ist das Licht der Osternacht, das dein Leben erhellt. Werde selbst zu einem Licht für deine Eltern, für deine Familie, für die Menschen, mit denen du unterwegs bist und sein wirst.

- Ich überreiche dir dieses weiße Taufkleid als Zeichen dafür, dass du eingeladen bist zum großen Gastmahl bei Gott über den Tod hinaus. Trage dieses Kleid als Zeichen deiner Würde. Jetzt und immer.

- Ich salbe dich mit heiligem Öl. Es ist ein Zeichen dafür, dass du ein Königskind bist in der Königsherrschaft Jesu Christi – der aus der göttlichen Welt gekommen ist, um dein Leben zu behüten, zu begleiten und dich durch den Tod hindurch zu geleiten in die ewige Existenz in der göttlichen Welt.

- Gott öffne dir deine Ohren, dass du Gottes Wort hören kannst; Gott öffne dir deine Augen, dass du die Welt mit neuen Augen, den Augen Gottes, sehen kannst; Gott öffne dir deinen Mund, dass du Gottes Liebe weitersagen kannst.

Licht sein, Träger göttlicher Würde, Königskind und Menschen mit wachen Sinnen für Gott und seine Welt – Eigenschaften, die nach christlicher Überzeugung unser menschliches Leben und jeden einzelnen von uns ausmachen. Und zugleich auch

dazu berufen, für Gott und den Menschen einzutreten; eine Berufung, die Gott in seiner Zusage
zum Leben und mit seinem Bund zu den Menschen mit Hoffnung und Zuversicht versehen hat.

Ich lasse dich nicht mehr

Ist's möglich Herr, dass einer neu geboren wird,
Der schon des Lebens Mitte überschritten?
Du hast's gesagt, und mir ward's Wirklichkeit.
Eines langen Lebens Last an Schuld und Leiden
Fiel von mir.
O keines Menschen Herz vermag's zu fassen,
Was denen Du bereitet, die Dich lieben.
Nun hab' ich Dich und lass Dich nimmer mehr.
Wo immer meines Lebens Straße geht,
Bist Du bei mir,
Nichts kann von Deiner Liebe je mich scheiden.

Edith Stein

Lass mich ein zu dir

Lass mich ein zu dir
in den Ort von Ruh und Frieden,
der benannt ist
nach deinem Namen.
Licht vom Licht. Erbarmen. Himmel.
Liebe ist dein Name.
Dass ich zu dir komm', zum Frieden.
Dass ich nach Höllenqualen,
wenn das letzte Leid durchlitten,
zu dir kommen darf, mein Frieden.
Dass du mich dann nennst
bei meinem Namen.
Sterblicher, Staub von der Erde.
Leib und Seele ist mein Name.
Atem war ich, Funken Leben.
Liebesfeuer, ewiges Leben,
neue Erde ist dein Name –
in den Ort von Ruh und Frieden,
lass mich ein, zu dir.

Huub Oosterhuis

Ausblick

Zuletzt
wirst du auferstehen
aus deiner Klage.
Verwehen
wird dein banges Fragen
wie ein Nichts.

Zuletzt
wirst du erkennen,
dass deine Grenzen
Brücken waren
auf dem Weg
zu ihm,
dass du niemals
tiefer umarmt warst
als im Leid.

Zuletzt
wird nur das Eine bleiben:
das dankbare Gewahren,
dass alles gut war,
wie es war.

Antje S. Naegeli

V. Nachdenken – Weiterdenken

Die große Herausforderung –
Die Kürze des Lebens

Keine Frage, die Zeit ist knapp. Die Kürze des Lebens steht in einem argen Missverhältnis zur Fülle unserer Aufgaben, Ziele und Wünsche. Auch andere Dinge sind knapp: das Geld, die Arbeit und das Vergnügen. Ein besonderes Mangelgut ist jedoch die Zeit. Sie geht uns jeden Tag ein Stück weiter verloren und lässt sich durch nichts auf der Welt zurückgewinnen.

Über dieses Phänomen hat Harald Weinrich ein – wie sollte es anders sein – knappes, aber umso gehaltvolleres Buch geschrieben: „Knappe Zeit. Kunst und Ökonomie des befristeten Lebens". Sein Leitmotiv ist der Satz des Hippokrates: „Kurz ist das Leben, lang ist die Kunst." Im Buch bringt er das Dilemma auf den Punkt und *eröffnet* sogleich die Suche nach Auswegen: Wenn die Zeit nicht ausreicht, um alle Dinge zu erledigen, müssen wir das Leben verlängern oder das Pensum unserer Aufgaben kürzen.

Gefragt ist also ein maßvoller Umgang mit der Zeit – was die antiken Philosophen Theophrast und Seneca dazu veranlasst, die Zeit mit dem Geld zu vergleichen und angesichts der Lebenskürze zum sparsamen Gebrauch mit dem kostbaren Gut aufzurufen. Dieser frühen Form des Zeitmanagements entsprechen die Versuche, die Spanne des Lebens auszudehnen, das normalerweise mit 35 Jahren seinen Zenit überschritten hatte.

Der christliche Glaube ans Jenseits stellt einen weiteren Weg dar, sich mit der Kürze des Lebens zu arrangieren. Allerdings um den paradoxen Preis, dass nun das Dasein selbst unter Rechtfertigungsdruck gerät und der Mensch im Zwischenreich des „Purgatoriums" (Dante) Buße für seine Sünden tun muss oder durch „innerweltliche Askese" (Max Weber) Anspruch auf göttliche Gnade erwirbt. Die Rationalisierung der Zeit spiegelt sich auch in Benjamin Franklins Devise „time is money – Zeit ist Geld" wieder; diese wird zum kategorischen Imperativ der Marktwirtschaft, der nichts mehr widerspricht als die wertvolle Ressource Zeit ohne Rendite zu vergeuden.

Um die Öffnung der „Schere zwischen Lebenszeit und Weltzeit" (Hans Blumenberg) möglichst schmal zu halten, hat der moderne Mensch seine Existenz ins Korsett der Frist gezwängt. Termin- und Rechtsfristen sorgen dafür, dass sich innerhalb des Minimums an verfügbarer Zeit ein Maximum an Verbindlichkeiten unterbringen lässt. Mit dem „Sein zum Tode", welches den Menschen nach Heidegger kennzeichnet, korrespondiert in der Fristengesellschaft die „Deadline" bei Vereinbarungen und Abkommen.

Nicht von ungefähr lässt sich das lateinische Wort „tempus" mit „Zeit", aber auch mit „Schläfe" übersetzen. Im Pulsschlag der Zeit wird der Mensch an seine Sterblichkeit erinnert, vor der es kein Entkommen gibt. Vielmehr zeigt sich, dass sämtliche Versuche, den Fristencharakter des Daseins durch den Glauben ans Jenseits oder lebenszeitliche Beschleunigungen zu überwinden, ihn letztlich nur verstärken. Weinrichs Buch ist deshalb auch ein Plädoyer dafür, sich der Kürze des Lebens bewusst zu werden, um seine Knappheit bewältigen zu können.

Zornige Leidenschaft für das Leben

„Dear mister death" (lieber Herr Tod), beginnt das letzte Buch der Theologin und Schriftstellerin Dorothee Sölle. Es blieb ein Fragment, da sie während der Abfassung starb. Aber es stellt wichtige Fragen.

Dorothee Sölle spricht vom Terror Mortis, der Furcht, die der Tod verbreitet. Doch trotz dieser Furcht können wir in Anlehnung an Psalm 68 (vgl. Vers 21) „Du, Gott, bist ein Herr mitten im Tode" beten. Dorothee Sölle formuliert es so: „Das Einswerden mit Gott tilgt die Angst vor dem Tod. Der Mensch, der sich auf Gott besinnt, ist sich selbst entzogen." Das ist für sie der Weg, um vom Schrecken des Todes freizukommen, wenn man denn freikommen kann.

In einer Gesellschaft, in der Erfolg höchste Priorität hat, wird die Endlichkeit des Menschen als Niederlage empfunden. Der Tod gehört nicht in die Landschaft der Macher und Sieger. „Darum stirbt es sich so schwer bei uns", resümiert die streitbare Theologin. Für Dorothee Sölle ist es wichtig, dass mit dem Sterben Abschied genommen wird, dass der Mensch nicht mehr im Mittelpunkt steht, sondern Gott. Weder das Pochen auf den eigenen Erfolg noch das ständige Kreisen um die eigenen Schuldgefühle sind jetzt noch wichtig. Gefragt ist die Liebe. Sölle stellt die entscheidende Frage, ob im Leben die Liebe vorkommt. „Endlichkeit und ewiges Leben gehören in einem tiefen Sinn zusammen, wir müssen sie nicht zerreißen."

Immer wieder trifft Dorothee Sölle auf eine mystische und poetische Sprache, wo sich Autoren mit dem Sterben beschäftigen: „Die sich mit dem Tod auseinandersetzten, können das offenbar besser in der Sprache der Poesie." Die Annahme des Todes ist für sie „ein Versuch, ihn einzubeziehen in den Rhythmus des geschaffenen Lebens."

Der Liederdichter Gerhard Tersteegen (1697–1769) gilt Dorothee Sölle als Mystiker des Todes. Er hat immer wieder versucht, mit dem Tod ins Gespräch zu kommen. Der Glaube an die Ewigkeit, so stellt Sölle fest, spiele bei Tersteegen „eine große Rolle, aber es ist nicht der Glaube an das weiterlebende Ich, wohl aber ein Aufgehobensein in Gott". Sie zitiert Tersteegens Lied:

Ein Tag, der sagt dem anderen,
mein Leben sei ein Wandern
zur großen Ewigkeit.
O Ewigkeit, so schöne,
mein Herz an dich gewöhne,
mein Heim ist nicht in dieser Zeit.

„Auch eine alte Hütte brennt lichterloh"

Der Benediktinerpater Johannes Pausch, Gründer des Europaklosters Gut Aich am Wolfgangsee bei Salzburg, erzählt eine beeindruckende Geschichte:

Eine Sternstunde und ein Hoffnungsstrahl war für mich während meines Studiums ein Gespräch, an das ich mich gerne erinnere.

Ich dachte damals noch nicht ans Altwerden und ging auch den Erfahrungen des Loslassens aus dem Weg, wenn ich mich nicht unmittelbar damit konfrontieren musste. Ich besuchte mit befreundeten Studenten ein Kloster unseres Ordens anlässlich der ewigen Gelübde eines Mitbruders.

Am Abend vor der Profess saßen wir mit dem alten Novizenmeister des Klosters, er war damals schon 80 Jahre alt, beim Wein zusammen und sprachen über das kommende Fest.

Es wurden ernsthafte Fragen gestellt. Ob es denn überhaupt sinnvoll möglich sei, sich mit 25 oder 30 Jahren als Mönch lebenslang an ein Kloster und eine Gemeinschaft zu binden? Ob nicht durch einen solchen Schritt menschliche Entwicklungen unmöglich gemacht oder gar zerstört würden? Und schließlich stand die Frage im Raum, ob ein zölibatäres Leben, das heißt ein Leben ohne gelebte sexuelle Beziehungen, überhaupt sinnvoll und möglich sei oder nur körperliche und seelische Spannungen und Qualen auslöse, menschliche und geistige Entwicklung verhindere und deshalb eigentlich abzulehnen sei.

An der lebhaften Diskussion beteiligte sich auch der alte Novizenmeister mit Engagement und Freude und verteidigte die Lebensform als Mönch, weil er unserer Meinung nach keine Ahnung hatte, wie schwierig es ist, sich tagtäglich mit den Fragen der eigenen Sexualität auseinanderzusetzen. Dieser alte Novizenmeister war ja schon „jenseits von Gut und Böse". Wir waren jung und das Feuer der Sexualität war nicht leicht zu bändigen. Einer von uns brachte es wie folgt auf den Punkt: „Wenn ich einmal so alt bin wie du, dann geht das vielleicht, weil sich nichts mehr rührt. Dann ist tote Hose. Dann habe ich wahrscheinlich, so wie du, auch keine Schwierigkeiten mehr damit. Irgendwann einmal werden diese doch aufhören!"

Der alte Mann lächelte verständnisvoll. Ich sehe noch seine Augen wie Sterne glühen unter den buschigen weißen Augenbrauen, und heute noch klingen seine Worte in mir nach: „Täuscht euch nicht! Auch eine alte Hütte brennt lichterloh. Wenn nichts mehr brennt, erlischt der Geist, die Seele und das Leben."

Diese Antwort war keine billige Lösung. Sie wurde für mich aber zum züngelnden Sternfunken in einer ratlosen Nacht auf der Suche nach einem sinnvollen Leben.

In jedem Menschen brennt das Lebensfeuer zeit seines Lebens, manchmal sind es kleine Lagerfeuer, manchmal Feuerwerke. Zuzeiten entfachen sie Flächenbrände und Explosionen. Bisweilen brennen sie ruhig und werden zu wärmenden Energiequelle für uns und andere. Ohne Feuer aber erlischt das Leben. Gespeist wird dieses Feuer von der Sehnsucht nach Leben, auch nach Sexualität, nach Zärtlichkeit und Liebe. Es wird gespeist von unserem Hunger und Durst, nicht nur nach Essen und Trinken, sondern auch nach geistlicher und spiritueller Nahrung. Gespeist wird es auch von unserer Suche nach Individualität und Beziehung, nach Einssein mit mir und anderen.

Dieser göttliche Lebensfunke ist die Urquelle der Kraft und der Gesundheit und vor allem der Lebensfreude, selbst wenn ein Mensch krank und alt wird.

Auch ein alter Mensch kann und muss brennen. Ganz sicher ist es nicht mehr das Feuerwerk der Jugend oder die Kraft des Erwachsenenalters. Aber es ist nicht weniger, sondern anders. Die „alte Hütt'n", die lichterloh brennt, ist Zeichen der Hoffnung, sofern es nicht das kalte Feuer der Hoffnungslosigkeit, der Trauer und Unbeweglichkeit, des Misstrauens und der Verzweiflung, ist, das uns lähmt und tötet, sondern das Feuer der sich verwandelnden Liebe zum Leben.

Dieses Feuer ist geläutert durch Last und Erfahrung, durch Übermut und Vertrauen, durch Schmerz und Leid. Geist und lautere Liebe lassen es brennen.

Ich habe alte Menschen kennen gelernt, die sogar angesichts von Krankheit, Schmerz und Tod nicht ihr Lächeln verloren haben, weil sie die kummervollen Lebenserfahrungen durch Geist und Seelenkraft verwandelt haben.

Es waren meist Menschen, denen im Leben nichts geschenkt worden war, sie hatten nichts als das nackte Leben. Trotzdem hatten sie ihr Leben verschenkt, ohne dass sie selbst es merkten und ohne sich heimlich ihr gutes Tun zurückzahlen zu lassen durch Geld oder zumindest das Lob und die Anerkennung anderer. Lebensfeuer erstickt, wenn es durch zu viel (Brenn-)Material überlastet wird oder zu wenig beziehungsweise zu viel Sauerstoff (Geist) zugeführt bekommt. Beides ist aber in der richtigen Dosis nötig, Materie und Geist, damit das Lebensfeuer bis zum Ende weiterbrennen kann.

Physiker sagen, dass eine Zelle, bevor sie stirbt, noch einmal aufleuchtet, noch einmal Energie abgibt. Es ist wunderbar, wenn ein Mensch im Alter noch einmal aufleuchtet und geistige Lebensenergie verströmt. Dann brennt „die alte Hütt'n" lichterloh und wird zum Stern.

Heiter scheitern –
Sisyphos als moderner Erfolgsmensch
(Gerhard Braun)

Unsere Zeit hat uns ein längeres Leben beschert, mehr als 30 Jahre sind in den letzten hundert Jahren im Durchschnitt dazu gekommen. Es wird aber immer deutlicher, dass dies für den Einzelnen nicht nur Verzauberung und Fortschritt bedeutet. Das längere Leben hat seinen Preis – nicht nur ökonomisch.

Früher schien es im Erwachsenenalter so etwas wie den Zustand der Reife und Ruhe zu geben. Heute regiert eher das Gefühl chronischer Unfertigkeit. Selbst auf dem Sterbebett gilt es, sich neu zu orientieren und zu lernen, wie man mit dem Tod umgeht. Und dann ist da die sich verändernde subjektive Gewinn-Verlust-Bilanzierung des Lebens. Gerade im hohen Alter wird oft aus der Würde zunehmend eine Bürde; und die Jungen denken über die Probleme des Alters mehr nach als dies bisher der Fall gewesen ist.

Die Sisyphos-Geschichte: Sisyphos ist in der Unterwelt dazu verdammt, einen Felsbrocken auf die Spitze eines Berges zu wälzen. Er ist dabei nie erfolgreich, denn im letzten Augenblick rollt der Stein immer wieder ins Tal.

Um den Sisyphos-Mythos ranken sich zahllose Neu- und Umdeutungen, die einen Einblick in das Menschenbild der Jahrhunderte ermöglichen. Bernd Seidensticker und Antje Wessels haben dies in ihrem 2001 erschienenen Buch „Mythos Sisyphos" eindrucksvoll dargelegt. Albert Camus' Deutung aus dem Jahr 1942 ist eine wichtige Anregung für eine Sisyphos-Variante zur modernen Entwicklungspsychologie, denn Camus sah Sisyphos nicht als Versager. Ihm zufolge wusste Sisyphos um sein oder jedwedes Menschen komplexes Schicksal, er akzeptierte es und war deshalb (möglicherweise) ein glücklicher, wenn nicht sogar erfolgreicher Mensch. Nach Camus ist das Erkennen von Absurdität und Misserfolg Bestandteil eines gelungenen Lebens.

So wie das Leben aus einer Sequenz von nur teilweise miteinander verknüpften Lebenszielen besteht, ist es keineswegs immer derselbe Felsbrocken, derselbe Stein, den Sisyphos auf die Bergspitze zu wälzen versucht. Ähnlich den Meilensteinen des Lebens – das ABC in der Schule, die Identitätssuche im Jugendalter, das Finden des richtigen Berufes, die Partnerwahl – ist es immer ein neuer, anderer Stein, der sich als nächste Aufgabe im Leben stellt. Wir bewegen nacheinander den Murmelstein in der Kindheit, den Stein des Anstoßes in der Jugend, den Prüfstein des Erwachsenenalters, den Weisheitsstein im reifen Alter oder auch den Stolperstein des beginnenden Hochalters.

Für die Glückseligkeit und Vervollkommnung des Menschen gilt nicht nur, was objektiv „wahr" ist. Der Mensch, der ein Bein bei einem Verkehrsunfall verloren hat, vergleicht sich nach einer Weile mit anderen, die beide Beine verloren haben. Derjenige, der das Matterhorn bestiegen hat, fühlt sich anders, je nachdem, ob er die Zugspitze oder den Mount Everest als Vergleichsmaßstab aktiviert. Ein anderer, der im hohen Alter körperlich nicht mehr in der Lage ist, seinen Garten zu pflegen, konzentriert sich auf die Blumenfenster als die Schmuckstücke seines Hauses.

Wie weit man gekommen ist, wie das Selbstgefühl und das eigene Entwicklungspotenzial sich ausformen, hängt also ganz wesentlich davon ab, mit wem und mit was man sich misst, intern und extern. So kann ein Bild vom Leben und vom Alter entstehen, in dem das Alter jung bleibt, in dem wir uns stetig neuen Dingen zuwenden, ohne diese in Perfektion realisieren zu müssen, weder in der Retrospektive noch im Vorwegnehmen der Zukunft.

Auch positiver Altershumor kann helfen. Gegenwärtig ist er noch selten, aber es gibt erste Anzeichen: Als würdiger Greis erhielt ein Schriftsteller einen großen Literaturpreis, der mit viel Ruhm verbunden, aber auch mit viel Geld dotiert war. Auf die Frage eines Journalisten, was er mit dem neuen Reichtum täte, soll er gesagt haben: „Das Geld? Das kommt auf die Bank, das ist für mein Alter." Der aufgeklärte Sisyphos fügt hinzu: „Das ist für meinen nächsten Aufstieg."

Ich Sisyphos

Ich Sisyphos erlebe Alter für Alter und bewege Stein
*   für Stein –*
den Murmelstein der Kindheit,
den Stein des Anstoßes der Jugend,
den Prüfstein des Erwachsenenalters,
den Weisheitsstein im reifen Altern,
den Stolperstein des beginnenden Hochalters.
Sind sie mir Belastung – Aufgabe – Herausforderung –
*   Geschenk – Bürde?*

Steine unterschiedlichen Gewichts, in eigenwilligen
*   Formen, ohne Einheitsgröße –*
Sie stoßen mich auf die Vielschichtigkeit meines
*   Daseins.*

Immer wieder von neuem beginnt der Anstieg –
ich Sisyphos lebe in der Gegenwart. Meine jetzt zu
*   bewältigende Aufgabe vor Augen.*

Misserfolg, Scheitern und Tod –
Teil meines Lebens. Aus vergangenen Aufstiegen kann
*   ich Kraft schöpfen, ohne angesichts zukünftiger*
*   Etappen den Mut zu verlieren.*

Simone Hiller

Nachklang: Der heiligmäßige Mönch auf dem Berg Athos

Eine ganze Woche konnte ich im Kloster Kara-kálou auf dem Berg Athos mit den Mönchen mitleben und mich im spirituellen Weg des „Je-sus-Gebetes" weiter begleiten lassen. Die Mönche beten wiederholend „Kyrie eleison, Christe eleison" – „Herr erbarme dich, Christus erbarme dich" – und öffnen sich dem Erbarmen Gottes.

Am letzten Abend hatte ich Gelegenheit, mit dem heiligmäßig geltenden Abt dieses Klosters zu sprechen, einem alten Mann mit langem, weißem Bart: „Nicht mehr lange werde ich auf dieser Welt hier sein. Mein Leben ist wie ein Kind vor seiner Geburt im Schoße seiner Mutter. Meine Schwangerschaft für das ewige Leben geht bald zu Ende. Ich warte auf meine Geburt für das ewige Leben."

Die Jahre und Jahrzehnte dieses Lebens auf der Erde – sind sie wie eine Schwangerschaft vor der Geburt für ewiges Leben bei Gott? Je länger ich nachdenke, desto mehr kann ich es erahnen.

Damit wird das Leben auf dieser Erde keineswegs zum Durchgangsstadium abgewertet. Aber:

Das Leben auf der Erde ist eben noch nicht alles; es ist ein Zeichen! Ein Zeichen dafür, dass es mehr gibt als alles, was wir uns in dieser Welt und in unserem Universum hier vorstellen können.

Anhang

Literaturempfehlungen

Zum Thema alltagstauglicher religiöser Erziehung

Albert Biesinger, Gott mit Kindern wieder finden, Freiburg i. Br. 2004.

Albert Biesinger, Kinder nicht um Gott betrügen, Freiburg i. Br. 2007.

Albert Biesinger, Verbinde dich mit dem Himmel. Ein Geschenkbuch für Kinder, München 2007.

Albert Biesinger / Barbara Berger / Marlies Mittler-Holzem / Thomas Hessler, Abend-Oasen. Geschichten / Rituale / Gebete / Spiele, München 2006.

Albert Biesinger / Ralf Gaus / Edeltraud Gaus, Warum müssen wir sterben? Wenn Kinder mehr wissen wollen, Freiburg i. Br. 2008.

Albert Biesinger / Ralf Gaus / Edeltraud Gaus, Hört Gott uns, wenn wir beten? Wenn Kinder mehr wissen wollen, Freiburg i. Br. 2008.

Albert Biesinger / Helga Kohler-Spiegel, Gibt's Gott? Die großen Themen der Religion. Kinder fragen – Forscherinnen und Forscher antworten, München 2007.

Albert Biesinger / Ulrike Mayer-Klaus, Was feiern wir an Ostern? Wenn Kinder mehr wissen wollen, Freiburg i. Br. 2008.

Albert Biesinger / Ulrike Mayer-Klaus, Was feiern wir an Weihnachten? Wenn Kinder mehr wissen wollen, Freiburg i. Br. 2007.

Albert Biesinger / Werner Tzscheetzsch, Wenn der Glaube in die Pubertät kommt. Ein Ratgeber für Eltern, Freiburg i. Br. 2005.

Albert Biesinger / Andrea Wohnhass (Hg.), Das große Buch der Elternschule, Ostfildern 2008.

Hermine König, Das große Jahrbuch für Kinder. Feste feiern und Bräuche neu entdecken, München 2007.

Peter Neysters / Karl-Heinz Schmitt, Durch das Jahr – durch das Leben. Das christliche Hausbuch für die Familie, München 2006.

Johannes Röser, Mut zur Religion. Erziehung, Werte und die neue Frage nach Gott, Freiburg i. Br. 2005.

Friedrich Schweitzer, Das Recht des Kindes auf Religion, Gütersloh 2000.

Kinderbibeln

Anregende Kinderbibeln für Kinder und Eltern, die für die großen Visionen der Menschheit offen sind, wie sie in der Bibel beschrieben werden.

Annette Langen, Kinderbibel in 5-Minuten-Geschichten, Freiburg i. Br. 2009

Werner Laubi / Annegert Fuchshuber, Kinderbibel, Lahr 1992.

Rainer Oberthür, Die Bibel für Kinder und alle im Haus, München 2007.

Regine Schindler, Mit Gott unterwegs. Die Bibel für Kinder und Erwachsene neu erzählt, Zürich 1996.

Adressen

Misereor: www.misereor.de
Adveniat: www.adveniat.de
Missio: www.missio.de
Brot für die Welt: www.brot-fuer-die-welt.de
Diakonie: www.diakonie.de

Stiftungen:

www.stiftung-gottesbeziehung-in-familien.org

Homepage des Bundesverbandes Deutscher Stiftungen: www.stiftungen.org

Gemeinnützige Verbände und Organisationen sowie die Kirchen bieten in der Regel Hilfe für Zustiftungen oder die Gründung eigener Stiftungen im Rahmen der Organisation an. Exemplarisch hierfür seien das Stiftungsforum der Diözese Rot-

tenburg-Stuttgart (www.stiftungsforum.info) und
die SOS-Kinderdörfer (www.sos-kinderdorf-stif-
tung.de) genannt.

Broschüre „Verschenken, stiften oder vererben?" des
Volksbunds Deutscher Kriegsgräberfürsorge e.V.:
www.stiftungsrecht.de/infocenter/Verschenken_stif-
ten_oder_vererben.pdf

Zum Thema Patientenverfügung:

Die Handreichung und das Formular der Deutschen Bischofskonferenz und des Rates der EKD
in Verbindung mit weiteren Kirchen zur Patientenverfügung sowie der Text „Christliche Patientenverfügung" (Gemeinsame Texte Nr. 15) sowie
die Textsammlung „Sterbebegleitung statt aktiver
Sterbehilfe" (Gemeinsame Texte Nr. 17), beide
vom Sekretariat der Deutschen Bischofskonferenz
und dem Kirchenamt der Evangelischen Kirche in
Deutschland herausgegeben, können auch einzeln
beim Sekretariat der Deutschen Bischofskonferenz
bestellt werden:

Sekretariat der Deutschen Bischofskonferenz
Postfach 2962
53019 Bonn
Fax: (0228) 10 33 30
E-Mail: broschueren@dbk.de

Die Dokumente finden sich auch auf den Internetseiten der Deutschen Bischofskonferenz:
www. dbk.de

Linksammlung der Evangelischen Kirche Deutschlands zum Thema „christliche Patientenverfügung“:
www.ekd.de/patientenverfuegung/patientenverfuegung.html

Broschüre des Bundesministeriums der Justiz:
www.bmj.bund.de/enid/Publikationen/Patientenverfuegung_oe.html

Deutscher Caritasverband:
www.caritas.de/21161. html

Informationen einer Rechtsanwältin beim Kolping-Bildungswerk: www.patientenverfuegungen.eu

Quellenverzeichnis

Alfons Auer, Geglücktes Altern. Eine theologisch-ethische Ermutigung, Freiburg i.Br. 1995.

Paul B. Baltes, in: Der Tagesspiegel, 14. Sept. 2004, S. 26.

Albert Biesinger, Durchlässig zur göttlichen Welt. Weil jetzt schon göttliche Energie in uns ist, in: Anette Schavan (Hg.), Leben aus göttlicher Kraft, Ostfildern 2004, S. 26–28.

Michael N. Ebertz, Je älter, desto frömmer? Befunde zur Religiosität der älteren Generation, in: Bertelsmann Stiftung, Religionsmonitor 2008, Gütersloh 2007, 54–63.

Joseph Möller, Vielleicht ist alles anders?, Mainz 1962.

Die Gebete „Dennoch kann ich leben", „Ausblick" und „Ich schaue zurück" von *Antje S. Naegeli* sind entnommen aus: Antje S. Naegeli, Die Nacht ist voller Sterne. Gebete in dunklen Stunden, Freiburg i.Br. 2009.

Das Gebet „Lass mich ein zu dir" von *Huub Oosterhuis* ist entommen aus: Huub Oosterhuis, Augen, die mich suchen. Gebete und Meditationen zum Abschied, Freiburg i.Br. 2005.

Der Text „Auch eine alte Hütte brennt lichterloh" von *Johannes Pausch* ist entnommen aus: Sternstunden und Wüstentage. Entdecke die kostbaren Momente im Alltag © 2007 Kösel-Verlag, München, in der Verlagsgruppe Random House GmbH.

Die Gebete „Gottes Beistand" und „Alt und weise lass mich werden" von *Anton Rotzetter* sind entnommen aus: Anton Rotzetter, Du Atem meines Lebens. Ausgewählte Gebete, Freiburg i.Br. 2005.

Forschungsprojekt *„Religiosität und Familie":* Wirkungen religiöser Erziehung in der Familie aus religionspädagogischer, kinder- und jugendpsychiatrischer und kriminologischer Sicht. Ergebnisse im Überblick, Tübingen (Selbstverlag) 2003 (Albert Biesinger, Hans-Jürgen Kerner, Gunther Klosinski und Friedrich Schweitzer sowie Klaus Kießling, Christine Kuhn, Gerd Schwenzer, Holger Stroezel, Stefanie Tränkle und Melanie Wegel); abgedruckt in: Albert Biesinger, Hans-Jürgen Kerner, Gunther Klosinski & Friedrich Schweitzer (Hrsg.), Brauchen Kinder Religion? Neue

Erkenntnisse – Praktische Perspektiven, Wein-
heim – Basel 2005.

Ulrich Schwab, Familienreligiosität. Religiöse Tra-
dition im Prozess der Generationen, Stuttgart –
Berlin – Köln 1995.

Friedrich Schweitzer / Albert Biesinger (in Zusam-
menarbeit mit Anne Bausenhart / Gabriele Con-
rad / Cornelia Rink), Religiöse Erziehung in evan-
gelisch-katholischen Familien, Freiburg 2009.

Bernd Seidensticker / Antje Wessels, Mythos Sisyphos, Leipzig 2001.

Die angegebenen Werte im Kapitel „Wer nicht älter werden will, muss jung sterben" beziehen sich
auf eine Erhebung des *Statistischen Bundesamtes
Deutschland* aus den Jahren 2004 bis 2006.

Das Gebet Edith Stein, „Ich lasse dich nicht mehr"
von Edith Stein ist entnommen aus der Edith-
Stein-Gesamtausgabe, Bd. 20 (Geistliche Texte
II), Freiburg i.Br. 2007.

Albert Biesinger,
Edeltraud und Ralf Gaus

**Hört Gott uns, wenn
wir beten?**

Wenn Kinder mehr
wissen wollen

12,0 x 19,0 cm
96 Seiten,
Klappenbroschur
ISBN 978-3-451-31563-3

Muss ich beim Beten die Hände falten? Kann ich
Gott alles sagen? Wieso beten wir vor dem Essen?
Dieser Ratgeber für Eltern sowie für Erzieherinnen
und Erzieher greift Kinderfragen rund um das Beten
und um Gott auf und geht diesen anschaulich und
fundiert nach. Die Antworten nehmen dabei immer
Bezug auf die Lebenswelt der Kinder. Zugleich gibt
der Band konkrete Ideen für die Gestaltung von Gebeten und Ritualen.

In jeder Buchhandlung
HERDER

Gundula Kühneweg
(Hrsg.)

**Herders Großes Buch
der Gebete**

15,1 x 22,7 cm
480 Seiten, gebunden mit
Leseband
ISBN 978-3-451-32177-1

Das große Hausbuch der Gebete mit Texten aus der
Bibel, beliebten Gebeten aus 2000 Jahren Christentum
und Gebeten großer spiritueller Autoren unserer Zeit
wie Anselm Grün, Andrea Schwarz, Peter Dyckhoff,
Antje S. Naegeli, Huub Oosterhuis, Anton Rotzetter,
Pierre Stutz, Jörg Zink, Dietrich Bonhoeffer u. v. a.

Der großzügig gestaltete Band enthält Gebete für
alle Zeiten und alle Anlässe des persönlichen Lebens,
die christlichen Grundgebete, aber auch die schöns-
ten Gebete zu Jesus Christus, Maria, den Engeln
und Heiligen. Ferner machen Gebete aus der Feder
von Heiligen und aus den Weltreligionen die Aus-
wahl zu einem kostbaren und einzigartigen Werk.

In jeder Buchhandlung
HERDER